KB065545

초보자를 위한 경제 수업

ECONOMICS

쉽게 배우는 경제

초보자를 위한
경제 수업
CLASS

백광석 지음

다온길

머리말

경제는 우리 삶의 모든 측면에 깊이 자리 잡고 있습니다. 저는 경제를 처음 접했을 때, 그 복잡성과 방대함에 놀라곤 했습니다. 매일 접하는 뉴스 속 경제 지표, 생활 속 물가 변화, 그리고 미래를 준비하기 위한 재정 관리까지, 경제는 우리 삶을 움직이는 중요한 요소였습니다. 그럼에도 불구하고, 경제를 처음 배우려 할 때 느꼈던 벽은 생각보다 높았습니다. 경제는 전문가들만의 영역처럼 느껴졌고, 어디서부터 시작해야 할지 막막했습니다.

하지만 경제를 공부하면서 경제가 우리의 삶과 밀접하게 연관된 실질적인 학문이라는 사실을 깨달았습니다. 경제는 단순히 추상적인 개념이 아니라, 우리가 매일 내리는 선택과 결정에 깊이 관여하고 있습니다. 예를 들어, 한 잔의 커피를 사는 작은 선택부터 월말 예산을 세우는 중요한 계획에 이르기까지, 우리의 모든 결정은 경제적 판단의 연속입니다. 그래서 경제를 이해하는 것이 얼마나 중요한지를 알게 되었습니다.

왜 경제를 알아야 할까요? 경제를 이해하면 우리는 더 나은 결정을 내릴 수 있습니다. 물가와 세금의 변화를 이해하고, 금융 상품을 현명하게 선택하며, 나아가 글로벌 경제 흐름 속에서 우리의 위치를 파악할 수 있습니다. 경제를 알면 알수록, 우리의 삶에서 더 많은 선택지를 찾을 수 있게 됩니다.

이 책은 경제를 처음 접하는 여러분에게 경제의 기본을 쉽고 명확하게 전달하기 위해 쓰였습니다. 이론적인 내용과 함께, 스타벅스, 애플, 아마존과 같은 글로벌 기업들의 사례를 통해 경제 원리가 실제로 어떻게 적용되는지를 살펴봅니다. 경제의 기초 개념부터 일상에서 경제적 결정을 내리는 방법, 그리고 금융을 이해하고 활용하는 방법까지, 여러분이 경제를 보다 쉽게 이해하고, 일상 속에서 실질적으로 적용할 수 있도록 도와줄 것입니다.

이 책을 읽는 동안, 여러분은 경제가 더 이상 낯선 개념이 아니라, 우리의 일상과 밀접하게 연결된 중요한 도구임을 깨닫게 될 것입니다. 경제를 알면 세상을 보는 눈이 달라지고, 그 속에서 더 나은 결정을 내릴 수 있는 자신감이 생길 것입니다.

여러분이 이 책을 통해 경제의 기본을 탄탄히 다져, 앞으로의 삶에서 더 많은 기회를 발견할 수 있기를 바랍니다.

백광석

CONTENTS

PART 1

경제의 기초 이해

1장

경제란 무엇인가?

경제의 기본 개념을 다루며, 경제란 무엇인지에 대한 정의를 내립니다. 경제 활동의 핵심 원리인 수요와 공급, 기회비용, 효율성 등을 설명하고, 경제 시스템이 자원을 배분하는 다양한 방법을 탐구합니다.

자본주의, 사회주의, 혼합 경제 등 여러 경제 시스템의 특징과 차이점을 분석하며, 이러한 시스템이 사회에 어떻게 적용되는지 살펴봅니다. 이를 통해 경제 전반에 대한 기초적인 이해를 돕고, 이후의 학습을 위한 기반을 마련합니다.

경제의 정의

경제란 무엇일까요? 경제는 자원을 어떻게 나누고 사용하는지에 대해 연구하는 학문입니다. 여기서 자원이란 돈, 시간, 노동력과 같은 것들입니다. 예를 들어, 우리가 가진 돈은 한정되어 있지만, 이를 어떻게 효율적으로 사용하여 최대한의 만족을 얻을 수 있을지를 고민하는 것이 경제의 핵심입니다.

경제를 더 쉽게 이해하기 위해 파티 준비를 예로 들어보겠습니다. 파티를 준비할 때 우리는 예산(자원)을 가지고 음식을 준비하고, 음료를 사며, 장식을 구매합니다. 예산은 한정되어 있으므로, 어떤 음식을 더 많이 살지, 어떤 음료를 선택할지, 어떤 장식을 살지 결정해야 합니다. 이 과정에서 어떻게 돈을 분배할지 결정하는 것이 바로 경제 활동입니다. 경제는 이처럼 우리 일상생활 속에서 자원을 어떻게 효율적으로 나눌 것인지에 대해 다루는 학문입니다.

먼저 자원이 무엇인지 이해해야 합니다. 자원은 우리가 생활하는 데 꼭 필요한 요소들로, 돈, 시간, 노동력 등이 포함됩니다. 예를 들어, 한정된 용돈으로 한 달 동안 생활하는 학생을 생각해 보세요. 이 학생에게 돈은 매우 중요한 자원이 됩니다. 학생은 용돈을 가지고 먹고, 입고, 즐기는 모든 활동을 계획해야 합니다.

다음으로 경제 활동의 기본 원리에 대해 알아보겠습니다. 경제 활동은 생산, 분배, 소비 세 단계로 이루어집니다. 생산은 필요한 물건이나 서비스를 만드는 과정입니다. 예를 들어, 농부가 농작물을 재배하는 것은 생산 활동입니다. 농부는 자신의 노동력과 시간을 사용하여 농작물을 생산합니다. 분배는 생산된 물건이나 서비스를 사람들에게 나누는 과정입니다. 생산된 농작물이 소비자에게 도달하기 위해서는 유통 과정이 필요합니다. 유통업자가 농작물을 슈퍼마켓에 배달하는 것이 분배에 해당합니다. 소비는 사람들이 물건이나 서비스를 사용하는 과정입니다. 슈퍼마켓에서 농작물을 구매하여 먹는 소비자의 행동이 바로 소비입니다.

마지막으로 경제 시스템의 유형에 대해 알아보겠습니다. 경제 시스템은 자원을 어떻게 배분하는지에 따라 여러 가지로 나눕니다.

자본주의는 시장의 자유에 따라 자원이 배분됩니다. 즉, 개인과 기업이 자유롭게 경제 활동을 하며, 그 결과에 따라 자원이 배분되는 시스템입니다. 예를 들어, 슈퍼마켓에서 사람들이 원하는 물건을 자유롭게 사는 것이 자본주의의 예입니다. 사회주의는 정부가 자원의 배분을 주도합니다. 정부는 생산, 분배, 소비의 모든 과정에 개입하여 자원을 배분합니다. 예를 들어, 정부가 물건의 가격과 공급량을 정하는 것이 사회주의입니다. 혼합경제는 자본주의와 사회주의 요소가 혼합된 형태입니다. 정부와 시장이 함께 자원의 배분을 담당합니다. 예를 들어, 민간 기업이 자유롭게 물건을 판매하면서도 정부가 의료 서비스를 제공하는 것이 혼합경제의 예입니다.

경제 시스템

경제 시스템	자본주의	사회주의	혼합경제
자원 배분 주체	시장	정부	시장과 정부
예시	슈퍼마켓 판매	정부 가격 통제	민간 의료 서비스

이제 몇 가지 질문과 답변을 통해 경제의 정의를 더욱 명확하게 이해해 보겠습니다.

경제란 무엇인가요?

- 경제는 자원을 어떻게 나누고 사용하는지에 대해 연구하는 학문입니다. 예를 들어, 우리가 한정된 예산으로 파티를 준비할 때, 돈을 어떻게 분배하고 사용할지 결정하는 것이 경제 활동입니다.

왜 경제를 알아야 하나요?

- 경제를 알면 우리의 일상생활에서 더 현명한 재정 결정을 내릴 수 있습니다. 예를 들어, 용돈을 관리하거나 저축을 계획할 때 경제 지식이 필요합니다. 경제를 이해하면 시장의 변화에 대응하고, 개인의 재정 상태를 더 잘 관리할 수 있습니다.

자본주의와 사회주의는 어떻게 다른가요?

- 자본주의는 시장의 자유에 따라 자원이 배분되지만, 사회주의는 정부가 자원의 배분을 주도합니다. 자본주의에서는 슈퍼마켓에서 사람들이 원하는 물건을 자유롭게 살 수 있지만, 사회주의에서는 정부가 물건의 가격과 공급량을 정합니다. 혼합경제는 이 두 가지 시스템의 요소를 모두 포함하며, 시장과 정부가 함께 자원을 배분합니다.

경제 활동의 기본 원리

경제 활동의 기본 원리는 생산, 분배, 소비의 세 가지 단계로 나눌 수 있습니다. 이 세 단계는 우리가 일상에서 경험하는 모든 경제 활동의 핵심을 이루며, 각 단계는 서로 긴밀하게 연결되어 있습니다. 이를 쉽게 이해하기 위해 간단한 정의와 비유를 사용하여 단계적으로 설명하겠습니다.

생산

생산은 사람들이 필요한 물건이나 서비스를 만드는 과정입니다. 생산자, 즉 농부나 제조업자 등은 자신의 자원인 노동력과 원자재를 사용하여 상품을 만들어냅니다. 이를 쉽게 이해하기 위해 케이크를 만드는 비유를 들어보겠습니다. 한정된 재료와 시간을 사용하여 케이크를 만드는 과정이 생산에 해당합니다. 이 과정에서는 재료를 섞고, 굽고, 데코레이션을 하여 최종 제품인 케이크를 만들어냅니다.

생산 활동의 사례로는 농부가 농작물을 재배하는 것, 공장에서 자동차를 조립하는 것, 요리사가 음식을 만드는 것을 들 수 있습니다. 예를 들어, 농부는 자신의 노동력과 토지, 씨앗 등의 자원을 사용하여 농작물을 생산합니다. 이러한 생산 활동은 경제의 첫 번째 단계로서, 우리가 일상에서 필요한 모든 물건과 서비스의 기초가 됩니다.

분배

분배는 생산된 물건이나 서비스를 사람들에게 나누는 과정입니다. 이 과정에서는 유통업자, 운송업체, 도매상 등 여러 중간 단계가 개입됩니다. 케이크를 여러 사람에게 나누어주는 비유를 생각해 봅시다. 케이크가 모든 사람에게 잘 분배되도록 조각을 나누는 과정이 바로 분배에 해당합니다.

분배 활동의 사례로는 농부가 재배한 농작물을 시장이나 슈퍼마켓에 공급하는 것, 공장에서 생산된 자동차를 딜러에게 보내는 것, 레스토랑에서 음식을 고객에게 서빙하는 것을 들 수 있습니다. 예를 들어, 유통업자는 농부가 재배한 농작물을 트럭에 실어 슈퍼마켓에 배달합니다. 유통업자는 생산된 농작물을 소비자에게 전달하기 위해 중요한 역할을 합니다.

소비

소비는 사람들이 물건이나 서비스를 사용하는 과정입니다. 소비자는 생산된 상품이나 서비스를 구매하고 이를 사용하거나 소비합니다. 케이크를 맛있게 먹는 비유를 생각해 봅시다. 케이크를 사서 먹는 것이 소비에 해당합니다.

소비 활동의 사례로는 사람들이 슈퍼마켓에서 농작물을 구매해 먹는 것, 소비자가 자동차를 구매해 운전하는 것, 고객이 레스토랑에서 음식을 주문해 먹는 것을 들 수 있습니다. 예를 들어, 소비자는 슈퍼마켓에서 토마토를 구매해 가정에서 요리합니다. 이 단계에서 소비자는 자신의 돈을 사용해 생산된 물건이나 서비스를 소비하며, 경제 활동의 최종 목적을 실현합니다.

이제 생산, 분배, 소비 단계가 어떻게 순차적으로 연결되는지 단계적으로 접근해 보겠습니다.

1단계 : 생산

먼저 농부가 농작물을 재배하는 과정입니다. 이 단계에서 농부는 자신의 노동력과 토지, 씨앗 등의 자원을 사용하여 농작물을 생산합니다. 예를 들어, 농부가 토마토를 재배하는 과정을 생각해 봅시다. 농부는 토마토를 재배하기 위해 씨앗을 심고, 물을 주며, 관리합니다.

2단계 : 분배

다음으로 유통업자가 농부가 재배한 토마토를 슈퍼마켓으로 운송하는 과정입니다. 유통업자는 트럭을 사용해 토마토를 시장으로 이동시키고 이를 슈퍼마켓에 공급합니다. 예를 들어, 유통업자가 신선한 토마토를 트럭에 실어 슈퍼마켓에 배달하는 과정을 생각해 봅시다. 이 과정에서 유통업자는 농부와 소비자 사이의 중요한 연결고리 역할을 합니다.

3단계 : 소비

마지막으로 소비자가 슈퍼마켓에서 토마토를 구매해 가정에서 요리하는 과정입니다. 소비자는 자신의 돈을 사용해 슈퍼마켓에서 토마토를 구매하고 이를 요리하여 먹습니다. 예를 들어, 소비자가 슈퍼마켓에서 토마토를 구매해 샐러드를 만드는 과정을 생각해 봅시다. 이 과정에서 소비자는 생산된 상품을 최종적으로 소비하며 경제 활동이 완성됩니다.

생산이란 무엇인가요?

– 생산은 사람들이 필요한 물건이나 서비스를 만드는 과정입니다. 예를 들어, 농부가 농작물을 재배하거나 공장에서 자동차를 조립하는 것이 생산 활동입니다. 생산자는 자신의 자원을 사용하여 필요한 물건이나 서비스를 만들어 내며, 이는 경제 활동의 첫 번째 단계입니다.

분배란 무엇인가요?

– 분배는 생산된 물건이나 서비스를 사람들에게 나누는 과정입니다. 예를 들어, 유통업자가 농작물을 슈퍼마켓에 배달하거나 공장에서 생산된 자동차를 딜러에게 보내는 것이 분배 활동입니다. 분배는 생산된 물건이 소비자에게 도달하기 위한 중요한 중간 단계입니다.

소비란 무엇인가요?

– 소비는 사람들이 물건이나 서비스를 사용하는 과정입니다. 예를 들어, 소비자가 슈퍼마켓에서 농작물을 구매해 먹거나 자동차를 구입해 운전하는 것이 소비 활동입니다. 소비는 경제 활동의 최종 단계로, 사람들이 생산된 물건이나 서비스를 사용하며 경제 활동이 완성됩니다.

경제 시스템의 유형

경제 시스템은 자원을 어떻게 나누고 사용하는지에 대한 방식에 따라 여러 가지로 나뉩니다. 자본주의, 사회주의, 혼합경제는 대표적인 경제 시스템입니다.

자본주의

자본주의는 시장의 자유에 따라 자원이 배분되는 시스템입니다. 개인과 기업은 자유롭게 경제 활동을 할 수 있으며, 시장의 수요와 공급에 따라 가격이 결정됩니다. 정부의 개입은 최소화되며, 경쟁을 통해 효율성을 높이는 것이 목표입니다.

자본주의를 설명하면, 슈퍼마켓에서 사람들이 원하는 물건을 자유롭게 사고파는 것과 같습니다. 예를 들어, 슈퍼마켓에서는 다양한 상품이 진열되어 있고, 소비자는 자신의 필요와 취향에 따라 자유롭게 선택하여 구매할 수 있습니다. 슈퍼마켓의 주인은 더 많은 소비자를 끌어들이기 위해 상품의 품질을 높이거나 가격을 낮추는 등의 노력을 기울입니다.

미국은 자본주의 경제 시스템을 채택한 대표적인 국가입니다. 미국에서는 기업들이 자유롭게 경쟁하며, 소비자들은 다양한 선택지가 있습니다. 예를 들어, 애플과 삼성은 스마트폰 시장에서 경쟁하며, 소비자들은 다양한 제품을 비교하고 선택할 수 있습니다.

사회주의

사회주의는 정부가 자원의 배분을 주도하는 시스템입니다. 생산 수단은 주로 국가 소유이며, 정부가 경제 활동을 계획하고 관리합니다. 목표는 자원의 공평한 분배와 사회적 평등을 이루는 것입니다.

사회주의를 설명하면, 정부가 운영하는 식당에서 모든 사람이 동일한 메뉴를 제공받는 것과 같습니다. 정부는 모든 사람에게 동등한 기회를 제공하기 위해 식당의 메뉴와 가격을 결정하고, 이를 통해 사회적 평등을 유지합니다.

쿠바는 사회주의 경제 시스템을 채택한 대표적인 국가입니다. 쿠바에서는 많은 기업이 국가 소유이며, 정부가 경제 활동을 계획하고 관리합니다. 예를 들어, 쿠바의 의료 시스템은 정부가 운영하며, 모든 국민에게 무료로 의료 서비스를 제공합니다.

혼합경제

혼합경제는 자본주의와 사회주의 요소가 혼합된 형태의 경제 시스템입니다. 시장의 자유와 정부의 개입이 함께 존재하며, 두 시스템의 장점을 결합하려는 노력이 나타납니다. 정부는 경제의 중요한 부분을 관리하면서도, 시장의 자유로운 경쟁을 허용합니다.

혼합경제를 설명하면, 정부가 운영하는 병원이 있는 동네에 민간 병원이 함께 있는 상황과 같습니다. 정부 병원은 모든 사람에게 기본적인 의료 서비스를 제공하고, 민간 병원은 더 나은 서비스를 원하는 사람들을 위해 경쟁합니다. 이는 시장의 효율성과 정부의 공공 서비스를 동시에 추구하는 형태입니다.

스웨덴은 혼합경제 시스템을 채택한 대표적인 국가입니다. 스웨덴에서는 정부가 복지와 의료 서비스를 제공하면서도, 시장의 자유로운 경쟁을 허용합니다. 예를 들어, 스웨덴의 의료 시스템은 정부가 기본적인 의료 서비스를 제공하고, 민간 병원이 더 높은 수준의 서비스를 제공하는 형태로 운영됩니다.

자본주의란 무엇인가요?

- 자본주의는 시장의 자유에 따라 자원이 배분되는 시스템입니다. 개인과 기업이 자유롭게 경제 활동을 하며, 시장의 수요와 공급에 따라 가격이 결정됩니다. 예를 들어, 미국은 자본주의 경제 시스템을 채택하여 기업들이 자유롭게 경쟁하고, 소비자들은 다양한 선택지가 있습니다.

사회주의란 무엇인가요?

- 사회주의는 정부가 자원의 배분을 주도하는 시스템입니다. 생산 수단은 주로 국가 소유이며, 정부가 경제 활동을 계획하고 관리합니다. 예를 들어, 쿠바는 사회주의 경제 시스템을 채택하여 많은 기업이 국가 소유이며, 정부가 경제 활동을 관리하고 있습니다.

혼합경제란 무엇인가요?

- 혼합경제는 자본주의와 사회주의 요소가 혼합된 형태의 경제 시스템입니다. 시장의 자유와 정부의 개입이 함께 존재하며, 두 시스템의 장점을 결합하려는 노력이 나타납니다. 예를 들어, 스웨덴은 혼합경제 시스템을 채택하여 정부가 복지와 의료 서비스를 제공하면서도, 시장의 자유로운 경쟁을 허용하고 있습니다.

2장

•

왜 경제를 알아야 하는가?

경제를 이해하는 것이 왜 중요한지에 대해 설명합니다. 경제 지식이 개인과 사회에 미치는 영향을 탐구하며, 경제를 이해하면 더 나은 재정 관리와 합리적인 경제적 결정을 내릴 수 있음을 강조합니다.

특히, 경제적 결정이 우리의 일상생활에 미치는 영향을 분석하고, 경제 지식이 개인의 재정 안정과 목표 달성에 어떻게 기여하는지를 설명합니다. 또한, 경제 지식이 사회적 이슈와 정책 이해에 어떻게 도움이 되는지 다룹니다.

경제 지식의 중요성

경제를 이해하는 것은 우리의 일상생활과 밀접하게 연결되어 있으며, 이는 단순히 학문적인 지식을 넘어선 중요한 요소입니다. 경제 지식을 갖추면 우리는 더 나은 재정 결정을 내릴 수 있고, 시장의 변화를 예측하며, 개인의 경제적 안정성을 유지할 수 있습니다. 이러한 경제 지식의 중요성을 몇 가지 구체적인 사례를 통해 설명하겠습니다.

개인 재정 관리

경제 지식은 개인의 재정 관리에 큰 도움이 됩니다. 월급을 받으면 그 돈을 어떻게 관리해야 할지 고민이 생깁니다. 경제를 이해하면 예산을 세우고, 소비를 관리하며, 저축과 투자를 통해 재정을 안정적으로 유지하는 방법을 알 수 있습니다.

예를 들어, 한 청년이 월급을 받았다고 가정해 봅시다. 그는 먼저 월급에서 생활비, 저축, 여가비 등을 구분하여 예산을 세웁니다. 이렇게 하면 매달 필요한 비용을 계획적으로 사용할 수 있습니다. 또 다른 예로, 한 주부가 가계부를 작성하여 매달의 수입과 지출을 기록하고, 남는 돈을 저축하거나 투자하여 미래를 준비합니다. 이를 통해 예기치 못한 상황에서도 경제적 안정성을 유지할 수 있습니다.

시장 변화 이해 및 대응

경제를 이해하면 시장의 변화에 민감하게 대응할 수 있습니다. 예를 들어, 물가가 오르거나 금리가 변동할 때 그 이유를 알고 대처할 수 있습니다. 이는 개인뿐만 아니라 기업에도 매우 중요한 요소입니다.

한 가정이 최근에 식료품 가격이 오르는 상황을 겪고 있다고 가정해 봅시다. 경제 지식을 가진 가족은 물가 상승의 원인을 이해하고, 필요 없는 지출을 줄이며, 할인을 활용하는 등 다양한 대처 방법을 사용할 수 있습니다. 또 다른 예로, 한 자영업자가 대출을 받아 사업을 운영 중일 때, 금리가 상승하면 대출 이자가 증가하여 부담이 커질 수 있습니다. 그는 금리 변동의 이유를 이해하고, 미리 대출 상환 계획을 조정하거나 재정 상태를 검토하여 대처할 수 있습니다.

사회 및 국가 경제 이해

경제 지식은 사회와 국가의 경제적 흐름을 이해하는 데도 필수적입니다. 이는 우리가 정부의 경제 정책이나 사회적 변화에 대해 더 잘 이해하고, 참여할 수 있게 합니다.

예를 들어, 한 대학생이 경제를 공부하면서 정부의 재정 정책이나 세금 정책이 어떻게 사회에 영향을 미치는지 배운다고 가정해 봅시다. 이를 통해 그는 선거에서 현명한 선택을 할 수 있고, 정부의 정책에 대해 더 깊이 이해할 수 있습니다. 또 다른 예로, 한 직장인은 경제 지식을 통해 기술 발전이 일자리에 미치는 영향을 이해하고, 이에 따라 자신의 경력 개발 계획을 세울 수 있습니다. 그는 인공지능과 같은 새로운 기술이 자신의 일자리에 미칠 영향을 예측하고, 필요한 기술을 배우기 위해 교육을 받을 수 있습니다.

경제적 안정성 유지

경제 지식은 우리의 경제적 안정성을 유지하는 데 중요한 역할을 합니다. 이를 통해 우리는 경제적 충격에 대비하고, 장기적인 재정 계획을 세울 수 있습니다.

예를 들어, 한 가정이 경제 지식을 통해 비상금을 마련해 두는 것이 중요하다는 것을 알고 있다고 가정해 봅시다. 이를 통해 예기치 못한 상황에서도 경제적 안정성을 유지할 수 있습니다. 또 다른 예로, 한 중년 직장인이 은퇴 후의 재정 계획을 세우는 상황을 상

상해 보세요. 그는 연금 저축이나 투자 계획을 통해 은퇴 후에도
안정적인 생활을 유지할 수 있습니다.

경제가 우리의 일상에 미치는 영향

경제는 단순히 돈과 관련된 문제가 아닙니다. 우리의 일상생활과 직결된 많은 부분에 영향을 미치는 중요한 요소입니다. 경제를 이해하면 우리는 더 나은 개인적인 결정과 사회적인 결정을 내릴 수 있습니다.

일상생활에 미치는 경제의 영향

경제를 이해하면 우리의 소득, 지출, 저축, 투자를 더 잘 관리할 수 있습니다. 이를 통해 재정적인 안정과 성장, 미래 대비를 할 수 있습니다. 구체적으로 살펴보겠습니다.

소득 관리

소득은 우리가 일하거나 투자해서 얻는 모든 금전적 수입을 의미합니다. 경제를 이해하면 소득의 증가 가능성을 예측하고, 이를 최대화할 수 있는 방법을 찾을 수 있습니다. 예를 들어, 경제 성장기에는 직업 시장이 활발해져 임금 상승이나 더 좋은 일자리 기회가 늘어날 수 있습니다. 반면, 경제 침체기에는 실업률이 높아질 수 있으므로 더 안정적인 직업을 유지하거나 새로운 스킬을 습득해 경쟁력을 높이는 것이 중요합니다.

지출 관리

지출은 우리가 생활을 유지하기 위해 사용하는 돈입니다. 경제를 이해하면 소비 패턴을 분석하고, 불필요한 지출을 줄이는 방법을 찾을 수 있습니다. 예를 들어, 인플레이션 시기에는 물가가 오르기 때문에 필수품을 미리 구매하거나, 할인 행사 기간을 활용해 비용을 절감할 수 있습니다. 또, 예산을 세우고 그에 맞춰 소비하는 습관을 들이면 금융 스트레스를 줄일 수 있습니다.

저축

저축은 미래를 대비해 현재의 소득 일부를 따로 떼어 놓는 것입니다. 경제 상황을 이해하면 저축의 중요성을 더 잘 알 수 있습니다. 예를 들어, 금리가 높을 때는 저축 계좌에 돈을 넣으면 더 많은 이자를 받을 수 있습니다. 또, 경제 불황 시기에는 긴급 자금이 필요할 수 있으므로 저축을 통해 예비 자금을 마련해 두는 것이 중요합니다.

투자

투자는 자산을 증식시키기 위해 현재의 돈을 주식, 부동산, 펀드 등에 넣는 것입니다. 경제 지식을 통해 투자 결정을 더 잘 내릴 수 있습니다. 예를 들어, 경제가 성장할 때는 주식 시장이 활발해지므로 주식 투자가 유리할 수 있습니다. 반대로, 경제가 불안정할 때는 금이나 안전 자산에 투자하는 것이 좋을 수 있습니다. 또한, 각종 경제 지표(예 : GDP 성장률, 실업률, 금리 등)를 이해하면 시장의 흐름을 예측하고, 적절한 투자시기를 판단할 수 있습니다.

금리가 경제에 미치는 영향은 대출과 투자와 같은 주요 금융 결정에 크게 작용합니다.

낮은 금리 시기

- **대출** : 금리가 낮으면 대출 이자가 저렴해지므로, 집을 사거나 사업을 시작하는 데 필요한 자금을 빌리기 유리합니다. 예를 들어, 3%의 금리로 주택 담보 대출을 받으면, 같은 금액의 대출을 5% 금리로 받을 때보다 월 상환액이 적어집니다.

- **투자** : 금리가 낮을 때는 저축의 이자 수익이 낮으므로, 주식이나 부동산처럼 더 높은 수익을 기대할 수 있는 투자처를 찾는 것이 유리할 수 있습니다.

높은 금리 시기

- **저축** : 금리가 높으면 저축 계좌의 이자가 증가하므로, 은행에 돈을 예치해 두면 더 많은 이자 이익을 얻을 수 있습니다. 예를 들어, 5%의 금리를 제공하는 저축 계좌에 돈을 넣으면, 1년 후에 상당한 이자 수익을 받을 수 있습니다.
- **대출** : 반면, 대출의 이자율도 높아지기 때문에, 집을 사거나 사업을 시작하기 위해 대출을 받을 때 더 많은 이자를 지급해야 합니다. 따라서, 높은 금리 시기에는 대출을 피하거나 최소화하는 것이 좋습니다.

소비자 의사 결정

경제 지식은 우리가 제품이나 서비스를 구매할 때 현명한 결정을 내리는 데 도움을 줍니다. 예를 들어, 인플레이션이 발생하면 물가가 오를 가능성이 큽니다. 이럴 때는 필요한 물건을 미리 구매하거나 할인 기간을 활용하는 것이 좋습니다. 경제 상황을 이해하면 가격 변동을 예측할 수 있어, 적절한 시기에 구매를 결정할 수 있습니다. 또한, 경제 지표를 통해 소비자 신뢰도를 파악하면 소비 습관을 조정하는 데 유리합니다. 이를 통해 우리는 더 효율적이고 합리적인 소비를 할 수 있습니다.

직업 선택과 경력 개발

경제 상황을 이해하면 현재와 미래의 직업 시장을 예측하는 데 도움이 됩니다. 특정 산업이 성장할 것으로 예상된다면 그 분야의 직업을 선택하는 것이 유리할 수 있습니다. 이를 통해 안정적인 직업을 찾거나 새로운 기회를 탐색할 수 있습니다. 경제 지식을 통해 어떤 기술이나 직업이 수요가 높을지 파악할 수 있습니다. 이를 바탕으로 경력 개발 계획을 세우면 장기적인 성공을 도모할 수 있습니다. 변화하는 경제 환경에 맞춰 유연하게 대처할 수 있습니다. 결과적으로 더 나은 직업 안정성과 성장 기회를 확보할 수 있습니다.

사회와 국가의 경제적 건강

국가 정책과 경제

정부의 경제 정책, 예산, 세금, 공공 지출 등은 우리의 일상생활에 큰 영향을 미칩니다. 경제를 이해하면 이러한 정책이 왜 시행되는지, 그리고 그것이 우리에게 어떤 영향을 미치는지 알 수 있습니다. 예를 들어, 정부가 경기 부양책을 발표하면 일자리 창출과 경제 성장에 긍정적인 영향을 미칠 수 있습니다.

글로벌 경제 이해

세계 경제는 서로 밀접하게 연결되어 있습니다. 다른 나라의 경제 상황도 우리 생활에 영향을 미칩니다. 예를 들어, 국제 유가 상승은 국내 물가 상승으로 이어질 수 있습니다. 해외 시장의 변화는 우리의 수출입에도 영향을 미칩니다.

사회 문제와 경제

실업률, 빈곤, 불평등 등의 사회 문제는 경제와 깊은 관련이 있습니다. 경제를 이해하면 이러한 문제들의 원인과 해결 방법에 대한 통찰을 얻을 수 있습니다. 예를 들어, 경제 성장이 이루어지면 더 많은 일자리가 창출되고, 빈곤율이 감소할 가능성이 높아집니다.

경제는 우리가 일상에서 내리는 모든 결정과 깊이 연관되어 있습니다. 경제를 이해하면 우리는 더 나은 재정적 결정을 내리고, 사회와 국가의 정책을 더 잘 이해하며, 글로벌 경제의 변화에 대비할 수 있습니다. 따라서 경제 지식은 개인의 삶의 질을 높이고, 사회의 발전에 이바지하는 중요한 도구입니다.

경제와 재정 관리의 기본

경제는 우리가 일상생활에서 자원과 재화를 어떻게 생산하고, 분배하며, 소비하는지를 다루는 학문입니다. 경제를 이해하면 우리 삶의 여러 측면이 어떻게 돌아가는지 알 수 있습니다. 예를 들어, 물가가 오르거나 내리는 이유, 일자리의 변동성, 그리고 우리가 사는 집의 가치 변동 등을 이해할 수 있습니다.

수요와 공급은 경제의 가장 기본적인 개념입니다. 수요는 소비자가 어떤 상품이나 서비스를 구매하고자 하는 욕구를 나타내고, 공급은 시장에 제공되는 상품이나 서비스의 양을 의미합니다. 가격은 수요와 공급의 균형에 따라 결정됩니다. 예를 들어, 스마트폰의 수요가 높으면 가격이 오를 수 있고, 공급이 많아지면 가격이 내릴 수 있습니다.

인플레이션과 디플레이션도 중요한 개념입니다. 인플레이션은 전반적인 물가가 지속적으로 오르는 현상으로, 같은 돈으로 살 수 있는 물건의 양이 줄어듭니다. 반대로 디플레이션은 물가가 지속적으로 하락하는 현상입니다. 인플레이션 시기에는 현금의 가치가 떨어지므로, 자산을 어떻게 관리할지 고민해야 합니다.

경제성장과 경기침체는 한 나라의 경제 활동 수준을 나타냅니다. 경제성장은 생산량이 증가하는 것을 의미하며, 이때는 일자리와 소득이 늘어나는 경향이 있습니다. 반면 경기침체는 생산량이 줄어드는 시기로, 실업률이 높아지고 소득이 감소할 수 있습니다.

재정 관리의 기본

재정 관리는 우리가 벌어들이는 소득, 사용하는 지출, 저축하는 돈, 그리고 투자하는 자산을 체계적으로 관리하는 것을 의미합니다. 이는 재정적 안정과 성장을 위해 필수적입니다.

소득은 우리가 일하거나 투자해서 얻는 모든 금전적 수입입니다. 정기적인 월급, 보너스, 투자 수익 등이 포함됩니다. 경제 상황을 잘 이해하면, 더 나은 직업 기회를 찾거나, 추가 소득을 창출하는 방법을 모색할 수 있습니다. 예를 들어, 특정 기술이나 자격증을 취득하면 더 높은 소득을 얻을 수 있습니다.

지출은 생활을 유지하기 위해 사용하는 돈입니다. 매달 예산을 세워 필수 지출(예 : 주거비, 식비, 교통비)과 비필수 지출(예 : 외식비, 여가비)을 구분하고, 불필요한 지출을 줄이는 것이 중요합니다. 지출을 관리하면 더 많은 돈을 저축하고, 재정적인 여유를 가질 수 있습니다.

저축은 미래를 대비해 현재의 소득 일부를 따로 떼어 놓는 것입니다. 저축은 비상금 마련, 큰 지출을 위한 준비(예 : 주택 구매, 자녀 교육), 은퇴 자금 등 다양한 목적을 가질 수 있습니다. 저축 계좌나 적금 상품을 활용해 안정적으로 돈을 모으는 것이 좋습니다.

투자는 자산을 증식시키기 위해 현재의 돈을 주식, 부동산, 펀드 등에 넣는 것입니다. 투자를 통해 더 높은 수익을 기대할 수 있지만, 리스크도 따릅니다. 경제 지식을 통해 적절한 투자처를 선택하고, 분산 투자를 통해 리스크를 줄이는 것이 중요합니다. 예를 들어, 주식 시장이 활발할 때 주식에 투자하거나, 부동산 시장이 호황일 때 부동산에 투자하는 것이 전략적일 수 있습니다.

경제와 재정 관리의 기본을 이해하면 개인의 재정적인 안정과 성장을 도모할 수 있습니다. 경제는 우리 일상에서 중요한 역할을 하며, 이를 잘 이해하면 현명한 재정 결정을 내릴 수 있습니다. 재정 관리를 통해 소득을 효과적으로 활용하고, 지출을 줄이며, 저축과 투자를 통해 미래를 대비할 수 있습니다.

PART 2

초보자를 위한 경제 사례

스타벅스의 글로벌 경제 전략

스타벅스는 현지화 전략, 프리미엄 이미지 구축, 지속 가능한 경영, 디지털 혁신, 글로벌 확장, 지역 사회와의 연계 등을 통해 전 세계 적으로 성공한 커피 브랜드입니다. 각국의 문화에 맞춘 메뉴 제공, 고품질의 원두 사용, 친환경 경영, 디지털 기술 활용, 새로운 시장 진출, 지역 사회 기여 등의 전략을 통해 고객 만족과 신뢰를 얻고 있습니다. 이러한 전략들은 스타벅스가 글로벌 시장에서 강력한 브랜드로 자리 잡는 데 중요한 역할을 했습니다.

1. 현지화 전략

스타벅스는 각국의 문화와 소비자 취향에 맞춘 현지화 전략을 펼치고 있습니다. 예를 들어, 한국에서는 녹차 라떼와 같은 현지 특화 메뉴를 제공하고, 일본에서는 전통적인 다도 문화를 반영한 메뉴와 인테리어를 선보입니다. 중국에서는 지역 특산물을 활용한 메뉴를 추가하기도 합니다. 이러한 현지화 전략은 현지 소비자들의 입맛과 문화에 맞추는 것이며, 이는 글로벌 시장에서 성공을 거두는 데 중요한 요소입니다.

2. 프리미엄 이미지 구축

고급 커피 브랜드로서의 이미지를 구축하고 유지하는 데 중점을 두고 있습니다. 이를 위해 고품질의 원두 사용, 세련된 매장 인테리어, 전문 바리스타 교육 등을 실시합니다. 고객들에게 일관되게 높은 품질의 커피와 서비스를 제공함으로써 프리미엄 브랜드 이미지를 강화합니다. 이는 소비자들이 더 높은 가격을 지급하더라도 스타벅스를 선택하게 만드는 중요한 요인입니다.

3. 지속 가능한 경영

지속 가능한 경영을 실천하며, 환경 보호와 사회적 책임을 중요하게 생각합니다. 예를 들어, 윤리적으로 재배된 커피 원두를 사용하고, 재활용할 수 있는 컵을 도입하며, 친환경 매장을 운영합니다. 이러한 노력은 기업의 이미지 향상과 소비자들의 신뢰를 높이는 데 이바지합니다. 스타벅스는 지속 가능성 보고서를 통해 투명하게 자사의 활동을 공개하고, 이를 통해 고객들과의 신뢰를 구축합니다.

4. 디지털 혁신

디지털 기술을 적극 활용하여 고객 경험을 향상시키고 있습니다. 스타벅스 앱을 통해 모바일 주문 및 결제, 리워드 프로그램, 개인 맞춤형 프로모션 등을 제공합니다. 이러한 디지털 혁신은 고객들이 더 편리하게 스타벅스를 이용할 수 있도록 돕고, 고객 충성도를 높이는 데 효과적입니다. 특히 모바일 주문 서비스는 바쁜 현대인들에게 큰 인기를 끌고 있습니다.

5. 글로벌 확장

끊임없이 새로운 시장에 진출하여 글로벌 확장을 이어가고 있습니다. 새로운 국가에 진출할 때는 현지 파트너와 협력하고, 철저한 시장 조사를 통해 성공적인 진출 전략을 마련합니다. 이를 통해 스타벅스는 전 세계적으로 브랜드를 확장하고, 다양한 문화권에서 사랑받는 커피 브랜드가 되었습니다. 예를 들어, 인도 시장 진출 시 현지 기업과의 합작을 통해 성공적으로 자리를 잡았습니다.

6. 지역 사회와의 연계

각 지역 사회와의 연계를 중요시합니다. 예를 들어, 지역 사회에 기부하거나, 지역 농산물을 사용한 메뉴를 개발하는 등의 활동을 통해 지역 사회와 상생하는 경영을 추구합니다. 이러한 접근은 스타벅스의 긍정적인 이미지를 강화하고, 지역 주민들의 지지를 얻는 데 도움을 줍니다. 또한, 지역 사회에 대한 기여는 스타벅스가 단순히 커피를 파는 기업이 아닌, 지역 사회의 일원으로서 역할을 다하는 기업으로 인식되게 합니다.

스타벅스의 글로벌 경제 전략은 현지화, 프리미엄 이미지 구축, 지속 가능한 경영, 디지털 혁신, 글로벌 확장, 지역 사회와의 연계 등 다양한 요소로 구성되어 있습니다. 이러한 전략들은 스타벅스가 전 세계에서 성공적인 브랜드로 자리 잡는 데 큰 역할을 했습니다.

애플의 공급망 관리

애플은 전 세계에서 가장 효율적이고 복잡한 공급망을 관리하는 기업 중 하나입니다. 이 회사는 부품을 다양한 국가에서 조달하고, 이를 조립하여 최종 제품을 전 세계로 배송합니다. 애플의 공급망 관리는 비용 절감, 품질 유지, 그리고 혁신적인 제품 출시를 가능하게 합니다. 주요 전략으로는 주요 부품의 선구매, 협력 업체와의 긴밀한 협력, 그리고 생산 과정의 엄격한 관리 등이 있습니다. 이러한 공급망 관리 방식은 애플이 글로벌 시장에서 높은 경쟁력을 유지하는 데 중요한 역할을 합니다.

애플은 세계에서 가장 효율적이고 복잡한 공급망을 운영하는 기업 중 하나로, 이를 통해 높은 품질의 제품을 적시에 제공하고 있습니다. 이제 애플의 공급망 관리 전략을 좀 더 자세히 살펴보겠습니다.

1. 글로벌 조달 및 생산

애플의 공급망은 전 세계에 걸쳐 있습니다. 주요 부품은 일본, 한국, 중국 등 다양한 국가에서 조달됩니다. 예를 들어, 아이폰의 디스플레이는 주로 일본과 한국에서 생산되며, 메모리 칩은 한국과 미국에서 공급됩니다. 이러한 부품들은 주로 중국의 폭스콘 공장에서 최종 조립됩니다. 이처럼 여러 국가에서 부품을 조달하고 생산함으로써, 애플은 각 지역의 강점을 활용할 수 있습니다.

2. 선구매 전략

애플은 중요한 부품을 선구매하는 전략을 사용합니다. 이는 시장의 변동성에도 불구하고 안정적인 부품 공급을 보장하고, 경쟁사보다 유리한 위치를 점할 수 있게 합니다. 예를 들어, 새로운 제품 출시 전에 대량의 부품을 미리 확보함으로써 생산에 차질이 없도록 합니다. 이는 애플이 신제품을 적시에 출시하고, 고객의 수요를 충족시키는 데 중요한 역할을 합니다.

3. 협력 업체와의 긴밀한 협력

애플은 부품 공급업체와 긴밀한 협력 관계를 유지합니다. 정기적인 품질 검사와 협력업체에 대한 투자를 통해 부품의 품질을 높이고, 생산 효율성을 극대화합니다. 예를 들어, 애플은 협력 업체에 기술 지원을 제공하고, 생산 공정 개선을 돕습니다. 이러한 협력 관계는 고품질의 제품을 일관되게 생산하는 데 이바지합니다.

4. 생산 과정의 엄격한 관리

애플은 생산 과정에서 엄격한 관리와 검사를 통해 제품의 품질을 유지합니다. 공장에서의 정기적인 검사와 테스트, 품질 관리 시스템 도입 등을 통해 결함 없는 제품을 생산합니다. 예를 들어, 아이폰 생산 과정에서 여러 단계의 테스트를 통해 최종 제품의 품질을 보장합니다. 이는 고객에게 신뢰성을 제공하고, 브랜드 이미지를 유지하는 데 중요합니다.

5. 비용 절감 및 효율성

애플의 공급망 관리는 비용 절감과 효율성을 목표로 합니다. 대량 구매를 통해 단가를 낮추고, 생산 과정을 자동화하여 비용을 절감합니다. 예를 들어, 대규모 생산을 통해 부품의 단가를 낮추고, 생산 공정의 자동화를 통해 인건비를 절감합니다. 이는 최종 제품의 가격 경쟁력을 높이는 데 이바지합니다.

6. 유연한 대응

애플은 시장의 변화와 고객의 요구에 유연하게 대응할 수 있는 공급망을 구축하고 있습니다. 갑작스러운 수요 증가나 부품 공급의 차질이 발생할 때도 신속하게 대처할 수 있는 시스템을 갖추고 있습니다. 예를 들어, 특정 부품의 공급이 어려워질 경우, 대체 부품을 신속하게 확보하여 생산을 지속할 수 있습니다. 이는 애플이 언제나 고객의 요구를 충족시키고, 시장에서 경쟁력을 유지하는 데 도움을 줍니다.

애플의 공급망 관리는 글로벌 조달 및 생산, 선구매 전략, 협력업체와의 긴밀한 협력, 생산 과정의 엄격한 관리, 비용 절감 및 효율성, 유연한 대응 등 다양한 요소로 구성되어 있습니다. 이러한 전략들은 애플이 전 세계에서 높은 품질의 제품을 적시에 제공하고, 글로벌 시장에서 경쟁력을 유지하는 데 큰 역할을 합니다.

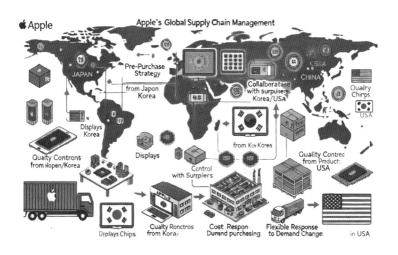

아마존의 비즈니스 모델

아마존은 전자상거래, 클라우드 컴퓨팅, 디지털 스트리밍, 인공지능 등을 포함한 다양한 비즈니스 모델을 운영하는 글로벌 기업입니다. 주력 사업인 온라인 마켓플레이스에서는 셀러와 바이어를 연결하여 다양한 상품을 판매합니다. 클라우드 컴퓨팅 서비스인 AWS는 기업들에게 서버, 저장소, 데이터베이스 등의 서비스를 제공합니다. 프라임 멤버십은 빠른 배송, 스트리밍 서비스, 특별 할인 등을 포함하여 고객 충성도를 높입니다. 이러한 다양한 사업 부문과 혁신적인 서비스는 아마존이 글로벌 시장에서 높은 경쟁력을 유지하는 데 중요한 역할을 합니다.

아마존은 다양한 비즈니스 모델을 통해 세계에서 가장 큰 온라인 리테일러 중 하나로 자리 잡았습니다. 이제 아마존의 비즈니스 모델을 좀 더 자세히 살펴보겠습니다.

1. 전자상거래(E-commerce)

아마존의 전자상거래 플랫폼은 셀러와 바이어를 연결하여 다양한 상품을 판매하는 구조입니다. 소비자는 아마존 웹사이트나 앱을 통해 필요한 상품을 검색하고 구매할 수 있습니다. 아마존은 자체 물류 네트워크를 통해 빠르고 신뢰성 있는 배송을 제공합니다. 또한, 아마존은 자체 브랜드 상품을 개발하여 직접 판매하기도 합니다. 이를 통해 소비자는 다양한 선택지를 가지고 쇼핑할 수 있으며, 셀러는 글로벌 시장에 쉽게 진출할 수 있습니다.

2. 클라우드 컴퓨팅(AWS)

아마존 웹 서비스(AWS)는 클라우드 컴퓨팅 서비스를 제공하여 기업들에게 서버, 저장소, 데이터베이스 등의 인프라를 제공합니다. AWS는 유연하고 확장할 수 있는 솔루션을 통해 기업들이 비용을 절감하고 효율성을 높일 수 있도록 돕습니다. 예를 들어, 스타트업부터 대기업까지 다양한 기업들이 AWS를 사용하여 IT 인프라를 관리하고, 데이터 분석, 인공지능 등의 서비스를 이용합니다. 이는 아마존의 주요 수익원 중 하나로 자리 잡았습니다.

3. 프라임 멤버십

아마존 프라임은 연간 구독 서비스로, 회원들에게 빠른 배송, 스트리밍 서비스, 특별 할인 등을 제공합니다. 프라임 멤버십은 고객 충성도를 높이고, 반복 구매를 촉진합니다. 예를 들어, 프라임 회원은 2일 내 무료 배송, 아마존 프라임 비디오를 통한 영화 및 TV 프로그램 시청, 아마존 뮤직을 통한 음악 스트리밍 등 다양한 혜택을 누릴 수 있습니다. 이를 통해 아마존은 지속적인 매출 증가와 고객 만족을 끌어냅니다.

4. 디지털 스트리밍 서비스

아마존은 프라임 비디오, 아마존 뮤직 등의 디지털 스트리밍 서비스를 통해 엔터테인먼트 시장에서도 강력한 입지를 구축하고 있습니다. 프라임 비디오는 넷플릭스와 경쟁하며, 오리지널 콘텐츠와 다양한 영화 및 TV 프로그램을 제공합니다. 아마존 뮤직은 스포티파이와 경쟁하며, 다양한 음악 스트리밍 서비스를 제공합니다. 이러한 서비스는 고객들이 아마존 플랫폼에 더 오래 머물도록 유도하며, 추가적인 수익을 창출합니다.

5. 인공지능 및 데이터 분석

아마존은 인공지능과 데이터 분석을 통해 고객 경험을 개선하고, 운영 효율성을 극대화합니다. 예를 들어, 추천 알고리즘을 통해 고객이 관심을 가질 만한 상품을 제안하고, 이를 통해 구매 전환율을 높입니다. 또한, 물류와 재고 관리에서도 인공지능을 활용하여 비용을 절감하고, 효율성을 높입니다. 이러한 기술 혁신은 아마존이 경쟁사보다 앞서 나가는 중요한 요소입니다.

6. 물류 및 배송 네트워크

아마존은 자체 물류 네트워크를 통해 빠르고 신뢰성 있는 배송 서비스를 제공합니다. 풀필먼트 센터를 통해 주문 처리를 효율적으로 관리하고, 아마존 플렉스, 아마존 프레시 등의 서비스로 다양한 배송 옵션을 제공합니다. 예를 들어, 아마존 프레시는 신선 식품 배송 서비스로, 고객들이 식료품을 온라인으로 주문하고 빠르게 받을 수 있게 합니다. 이러한 물류 혁신은 고객 만족도를 높이고, 재구매를 촉진합니다.

아마존의 비즈니스 모델은 전자상거래, 클라우드 컴퓨팅, 프라임 멤버십, 디지털 스트리밍, 인공지능, 물류 네트워크 등 다양한 요소

로 구성되어 있습니다. 이러한 복합적인 비즈니스 모델은 아마존이 글로벌 시장에서 높은 경쟁력을 유지하고, 지속적인 성장을 이끄는 데 중요한 역할을 합니다.

넷플릭스의 구독 경제

넷플릭스는 구독 경제 모델을 통해 전 세계적으로 성공한 스트리밍 서비스입니다. 사용자는 월정액 요금을 지급하고 다양한 영화와 TV 프로그램을 무제한으로 시청할 수 있습니다. 이 모델은 꾸준한 수익을 창출하며, 콘텐츠 제작에 재투자할 수 있게 합니다. 넷플릭스는 데이터 분석을 통해 사용자 취향에 맞는 콘텐츠를 추천하고, 오리지널 콘텐츠 제작을 통해 경쟁력을 강화합니다. 이러한 구독 경제 모델은 넷플릭스가 안정적인 수익과 고객 충성도를 유지하는 데 중요한 역할을 합니다.

넷플릭스는 구독 경제 모델을 통해 어떻게 성공을 거두었는지 자세히 살펴보겠습니다.

1. 구독 경제 모델

넷플릭스의 구독 경제 모델은 사용자들이 매월 정해진 금액을 지급하고, 다양한 영화와 TV 프로그램을 무제한으로 시청할 수 있도록 합니다. 이 모델은 지속적인 수익 창출을 가능하게 하며, 안정적인 재정을 바탕으로, 지속적으로 콘텐츠를 제공할 수 있게 합니다. 예를 들어, 넷플릭스는 다양한 구독 요금제를 제공하여 사용자들이 자신의 필요와 예산에 맞는 요금제를 선택할 수 있도록 합니다.

2. 꾸준한 수익 창출

구독 모델의 가장 큰 장점은 꾸준한 수익 창출입니다. 넷플릭스는 월간 구독료를 통해 예측할 수 있는 수익을 확보하며, 이를 기반으로 새로운 콘텐츠 제작에 투자합니다. 이는 지속적으로 성장하고, 더 많은 사용자에게 다가갈 수 있는 원동력이 됩니다. 예를 들어, 넷플릭스는 인기 있는 시리즈나 영화를 제작하여 사용자들의 구독을 유지하고, 새로운 구독자를 유치합니다.

3. 데이터 분석을 통한 개인화

넷플릭스는 사용자 데이터를 분석하여 개인 맞춤형 추천 서비스를 제공합니다. 사용자가 어떤 콘텐츠를 시청하는지, 얼마나 자주 시청하는지 등의 데이터를 바탕으로 사용자 취향에 맞는 콘텐츠를 추천합니다. 예를 들어, 사용자가 액션 영화를 자주 시청하면, 넷플릭스는 새로운 액션 영화나 관련 콘텐츠를 추천합니다. 이는 사용자 경험을 향상하고, 구독자 충성도를 높이는 데 중요한 역할을 합니다.

4. 오리지널 콘텐츠 제작

넷플릭스는 오리지널 콘텐츠 제작에 집중하여 차별화된 경쟁력을 갖추고 있습니다. 오리지널 시리즈, 영화, 다큐멘터리 등을 제작하여 독점적인 콘텐츠를 제공함으로써 사용자들의 관심을 끌고, 구독을 유지하게 합니다. 예를 들어, '기묘한 이야기', '더 크라운' 등의 오리지널 시리즈는 넷플릭스의 브랜드 가치를 높이고, 많은 팬을 확보하는 데 이바지했습니다.

5. 글로벌 확장

넷플릭스는 전 세계적으로 서비스를 확장하여 다양한 국가에서 구독자를 확보하고 있습니다. 각국의 언어와 문화를 반영한 콘텐츠를 제공하여 현지화 전략을 펼치고 있습니다. 예를 들어, 한국에서는 '킹덤', 스페인에서는 '종이의 집' 등 각국의 문화를 반영한 오리지널 콘텐츠를 제작하여 현지 구독자들의 관심을 끌고 있습니다.

6. 고객 충성도 유지

구독 경제 모델은 고객 충성도를 유지하는 데 큰 도움이 됩니다. 넷플릭스는 지속적으로 새로운 콘텐츠를 추가하고, 사용자 경험을 개선하여 구독자들이 계속해서 서비스를 이용하도록 유도합니다. 예를 들어, 정기적인 콘텐츠 업데이트와 사용자 친화적인 인터페이스를 통해 구독자들이 항상 만족할 수 있도록 노력합니다.

넷플릭스의 구독 경제 모델은 꾸준한 수익 창출, 데이터 분석을 통한 개인화, 오리지널 콘텐츠 제작, 글로벌 확장, 고객 충성도 유지 등 다양한 요소로 구성되어 있습니다. 이러한 모델은 넷플릭스가 전 세계적으로 성공을 거두는 데 중요한 역할을 했습니다.

테슬라의 혁신 경제학

테슬라는 전기차, 에너지 저장 시스템, 태양광 제품 등 다양한 혁신적인 제품을 통해 자동차 산업뿐만 아니라 에너지 산업에서도 큰 변화를 끌어내고 있습니다. 이러한 혁신은 테슬라가 높은 시장 가치를 유지하고, 지속 가능한 미래를 구축하는 데 중요한 역할을 합니다.

1. 전기차 산업의 선도자

테슬라는 전기차 시장에서 선도적인 역할을 하고 있습니다. 전기차는 기존의 내연기관 차량보다 환경에 덜 해롭고, 운영비용이 낮습니다. 테슬라는 고성능 배터리와 효율적인 전기 모터를 개발하여 전기차의 성능을 크게 향상시켰습니다. 예를 들어, 테슬라 모델 S는 한 번 충전으로 장거리 주행이 가능하며, 뛰어난 가속 성능을 자랑합니다. 이는 전기차가 내연기관 차량과 경쟁할 수 있는 수준으로 끌어올렸습니다.

2. 배터리 기술과 에너지 저장 시스템

테슬라는 전기차 뿐만 아니라 배터리 기술과 에너지 저장 시스템에서도 혁신을 이끌고 있습니다. 테슬라의 파워월(Powerwall)과 파워팩(Powerpack) 같은 제품은 가정과 기업에서 에너지를 효율적으로 저장하고 사용할 수 있게 해줍니다. 이러한 에너지 저장 시스템은 태양광 패널과 함께 사용되어 에너지를 생산하고 저장함으로써 전력망의 부담을 줄이고, 에너지 자립을 가능하게 합니다. 이는 지속 가능한 에너지 사용을 촉진하는 중요한 기술입니다.

3. 태양광 제품과 에너지 자립

테슬라는 태양광 패널과 태양광 지붕 제품을 통해 재생 가능 에너지 사용을 확대하고 있습니다. 태양광 지붕은 기존의 지붕과 동일한 외관을 유지하면서도 태양광 에너지를 생산할 수 있는 혁신적인 제품입니다. 이러한 제품들은 가정과 기업에서 전력을 자급자족할 수 있게 도와줍니다. 예를 들어, 테슬라의 솔라 루프(Solar Roof)는 주택의 지붕 전체를 태양광 패널로 대체하여 에너지를 생산하고, 파워월과 결합하여 저장할 수 있습니다.

4. 자율주행 기술

테슬라는 자율주행 기술 개발에도 앞서 나가고 있습니다. 자율주행 차량은 교통사고를 줄이고, 교통 체증을 완화하며, 이동의 효율성을 높일 수 있는 잠재력을 가지고 있습니다. 테슬라의 오토파일럿(Autopilot) 시스템은 고속도로 주행, 차선 변경, 주차 등 다양한 자율주행 기능을 제공합니다. 이는 미래의 교통 환경을 변화시키고, 자율주행 기술의 상용화를 앞당기는 중요한 단계입니다.

5. 기가팩토리와 대량 생산

테슬라는 배터리 생산을 대량화하고 비용을 절감하기 위해 기가팩토리(Gigafactory)를 건설하였습니다. 기가팩토리는 대규모 배터리 생산 시설로, 테슬라의 전기차와 에너지 저장 시스템에 필요한 배터리를 대량으로 생산합니다. 이를 통해 생산 비용을 낮추고, 더 많은 소비자에게 접근할 수 있는 가격으로 제품을 제공할 수 있습니다. 예를 들어, 기가팩토리에서 생산된 배터리는 테슬라의 전기차 가격을 낮추고, 보급을 확대하는 데 이바지했습니다.

6. 지속 가능한 미래

테슬라의 혁신 경제학은 지속 가능한 미래를 목표로 합니다. 전기차, 배터리 기술, 태양광 제품 등은 모두 환경에 미치는 영향을 줄이고, 지속 가능한 에너지 사용을 촉진하는 데 중점을 둡니다.

이러한 노력은 기후 변화에 대응하고, 에너지 자원을 효율적으로 사용하며, 더 나은 미래를 만들어가는 데 중요한 역할을 합니다.

테슬라는 혁신 경제학을 통해 전기차, 에너지 저장 시스템, 태양광 제품, 자율주행 기술 등 다양한 분야에서 변화를 이끌고 있습니다. 이러한 혁신은 테슬라가 글로벌 시장에서 높은 경쟁력을 유지하고, 지속 가능한 미래를 구축하는 데 중요한 역할을 합니다.

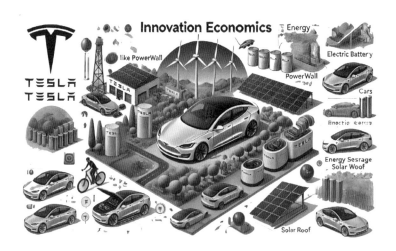

구글의 디지털 경제 영향력

구글은 디지털 경제에서 중요한 역할을 하는 기업입니다. 주요 서비스로는 검색 엔진, 온라인 광고, 클라우드 서비스, 모바일 운영체제 등이 있습니다. 구글 검색은 정보 접근성을 크게 향상시켰고, 구글 애즈는 효과적인 온라인 광고 플랫폼을 제공합니다. 구글 클라우드는 기업들에게 강력한 데이터 저장 및 처리 능력을 제공하며, 안드로이드는 전 세계 스마트폰의 대부분을 구동합니다. 또한, 구글의 AI 기술은 다양한 분야에서 활용되고 있습니다. 이제 이러한 요소들이 어떻게 디지털 경제에 영향을 미치는지 자세히 살펴보겠습니다.

구글은 여러 방면에서 디지털 경제를 주도하고 있습니다. 이들이 제공하는 다양한 서비스는 우리 일상과 비즈니스 환경에 큰 영향을 미치고 있습니다.

1. 검색 엔진과 정보 접근성

구글의 검색 엔진은 세계에서 가장 많이 사용되는 검색 도구로, 정보 접근성을 크게 향상시켰습니다. 우리는 구글을 통해 필요한 정보를 몇 초 만에 찾아낼 수 있습니다. 예를 들어, 학생이 과제를 할 때나 여행자가 여행지를 조사할 때 구글 검색을 사용합니다. 이는 지식의 접근성을 높여 학습과 연구를 촉진하고, 일상생활의 편리함을 더해줍니다.

2. 온라인 광고 플랫폼

구글 애즈(Google Ads)는 구글의 온라인 광고 플랫폼으로, 광고주가 특정 키워드와 고객 특성을 기반으로 맞춤형 광고를 게재할 수 있게 합니다. 이는 기업이 타겟 고객에게 효과적으로 도달할 수 있도록 도와줍니다. 예를 들어, 소규모 비즈니스도 구글 애즈를 통해 적은 비용으로 전 세계 고객에게 도달할 수 있습니다. 이는 디지털 마케팅의 효율성을 크게 높여주었습니다.

3. 클라우드 서비스

구글 클라우드(Google Cloud)는 데이터 저장 및 처리 능력을 제공하는 클라우드 컴퓨팅 서비스입니다. 기업들은 구글 클라우드를 통해 비용을 절감하고, 효율성을 높일 수 있습니다. 예를 들어, 스타트업부터 대기업까지 다양한 기업들이 구글 클라우드를 사용하여 데이터 분석, 머신 러닝, 애플리케이션 개발 등을 진행하고 있습니다. 이는 비즈니스 운영 방식을 혁신적으로 변화시켰습니다.

4. 모바일 운영 체제

안드로이드(Android)는 구글이 제공하는 모바일 운영 체제로, 전 세계 스마트폰의 대부분을 구동합니다. 이를 통해 사용자는 다양한 앱과 서비스를 쉽게 이용할 수 있습니다. 안드로이드는 개발자들에게 개방된 플랫폼을 제공하여 수많은 앱이 개발되고 배포될 수 있게 했습니다. 예를 들어, 다양한 소셜 미디어, 게임, 생산성 앱 등이 안드로이드 플랫폼에서 제공됩니다. 이는 모바일 생태계를 활성화하고, 디지털 경제를 성장시키는 데 큰 역할을 했습니다.

5. 데이터 분석과 인공지능

구글은 데이터 분석과 인공지능(AI) 기술에서도 선두 주자입니다. 구글의 AI 기술은 검색 결과 개선, 음성 인식, 이미지 인식 등 다양한 분야에서 활용되고 있습니다. 예를 들어, 구글 어시스턴트는 사용자의 음성을 인식하고, 질문에 답하거나 작업을 수행합니다. 이는 우리의 일상생활을 더욱 편리하게 만들고, 기업들이 데이터를 통해 더 나은 의사 결정을 내릴 수 있게 합니다.

6. 혁신과 지속 가능성

구글은 지속적인 혁신과 지속 가능성을 중요하게 생각합니다. 신기술 개발, 친환경 에너지 사용, 사회적 책임 활동 등을 통해 긍정적인 영향을 미치고 있습니다. 예를 들어, 구글은 데이터 센터에서 재생 가능 에너지를 사용하고, 탄소 배출을 줄이기 위해 노력하고 있습니다. 이는 구글이 경제적 이익뿐만 아니라 환경과 사회적 책임도 중요하게 여긴다는 것을 보여줍니다.

구글의 디지털 경제 영향력은 검색 엔진, 온라인 광고, 클라우드 서비스, 모바일 운영 체제, 데이터 분석 및 인공지능, 혁신과 지속 가능성 등 다양한 요소로 구성되어 있습니다. 이러한 영향력은 우리의 일상생활과 경제 활동에 깊은 영향을 미치며, 디지털 경제를 주도하는 데 중요한 역할을 합니다.

월마트의 가격 전략

월마트는 "매일 저렴한 가격" 전략을 통해 소비자들에게 저렴한 상품을 제공하는 데 중점을 둡니다. 이 전략은 대량 구매, 효율적인 유통, 낮은 마진으로도 많은 판매량을 유지하는 방식을 포함합니다. 월마트는 공급업체와의 강력한 협상력을 바탕으로 원가를 낮추고, 이를 소비자 가격에 반영합니다. 또한, 자체 브랜드 제품을 개발하여 더 저렴한 가격을 제공합니다. 이러한 가격 전략은 소비자들에게 경제적인 쇼핑 경험을 제공하며, 월마트의 높은 매출과 시장 점유율을 유지하는 데 이바지합니다.

월마트의 가격 전략은 여러 요소를 통해 소비자들에게 저렴한 상품을 제공하고 있습니다.

1. 대량 구매

월마트는 대량 구매를 통해 원가를 절감합니다. 대량으로 상품을 구매하면 공급업체로부터 더 낮은 단가로 제품을 받을 수 있습니다. 예를 들어, 월마트는 대형 제조업체로부터 대규모로 제품을 구매하여 개별 제품의 단가를 낮추고, 이를 소비자에게 저렴한 가격으로 제공합니다. 이는 월마트가 경쟁업체보다 낮은 가격을 유지할 수 있게 합니다.

2. 효율적인 유통 시스템

효율적인 유통 시스템은 월마트의 가격 전략에서 중요한 역할을 합니다. 월마트는 최첨단 물류 센터와 유통 네트워크를 구축하여 제품이 빠르고 효율적으로 매장에 도달하도록 합니다. 예를 들어, 중앙 집중식 유통 센터를 통해 제품을 관리하고, 트럭과 배달 네트워크를 최적화하여 배송 비용을 절감합니다. 이는 운영비용을 줄이고, 소비자 가격을 낮출 수 있게 합니다.

3. 낮은 마진, 높은 판매량

월마트는 낮은 마진으로 많은 판매량을 유지하는 전략을 사용합니다. 개별 제품의 마진을 낮게 설정하더라도, 대량 판매를 통해 전체 수익을 극대화합니다. 예를 들어, 월마트는 일반적으로 다른 소매업체보다 낮은 가격으로 제품을 판매하지만, 더 많은 고객이 월마트를 이용하게 함으로써 전체 매출을 높입니다. 이는 대규모 경제를 통해 이익을 창출하는 방법입니다.

4. 강력한 협상력

월마트는 공급업체와의 협상에서 강력한 위치를 차지합니다. 월마트의 대규모 구매력은 공급업체가 더 낮은 가격으로 제품을 제공하게 만듭니다. 예를 들어, 월마트는 공급업체와 장기 계약을 맺어 안정적인 공급을 보장받는 동시에, 가격 인하를 요구할 수 있습니다. 이는 월마트가 항상 저렴한 가격으로 제품을 제공할 수 있는 이유 중 하나입니다.

5. 자체 브랜드 제품

월마트는 자체 브랜드 제품을 개발하여 소비자에게 더 저렴한 선택지를 제공합니다. 자체 브랜드 제품은 유명 브랜드 제품과 비교해 품질은 유사하지만, 가격은 더 저렴합니다. 예를 들어, 월마트의 자체 브랜드인 Great Value는 다양한 식료품과 생활용품을 저렴한 가격에 제공합니다. 이는 소비자에게 경제적인 쇼핑 옵션을 제공하고, 월마트의 수익성을 높이는 데 이바지합니다.

6. 기술 활용

월마트는 기술을 활용하여 가격 전략을 최적화합니다. 데이터 분석을 통해 소비자 수요를 예측하고, 재고를 효율적으로 관리합니다. 예를 들어, 판매 데이터를 분석하여 인기 상품을 적시에 재고로 확보하고, 비인기 상품의 가격을 조정하여 재고를 신속히 소진합니다. 이는 재고 관리 비용을 줄이고, 소비자에게 항상 최적의 가격을 제공하는 데 도움을 줍니다.

월마트의 가격 전략은 대량 구매, 효율적인 유통 시스템, 낮은 마진과 높은 판매량, 강력한 협상력, 자체 브랜드 제품, 기술 활용 등 다양한 요소로 구성되어 있습니다. 이러한 전략은 소비자에게 저렴한 상품을 제공하고, 월마트가 높은 매출과 시장 점유율을 유지하는 데 중요한 역할을 합니다.

코카콜라의 글로벌 마케팅

코카콜라는 전 세계적으로 가장 인지도 높은 브랜드 중 하나로, 글로벌 마케팅 전략을 통해 성공을 거두었습니다. 이 회사는 일관된 브랜드 이미지와 로고, 슬로건을 사용하여 전 세계 어디서나 동일한 인식을 제공합니다. 다양한 현지 문화에 맞춘 광고와 프로모션을 통해 각 시장에 적합한 마케팅을 펼칩니다. 또한, 스포츠와 음악 이벤트 후원 등을 통해 브랜드 인지도를 높이고 있습니다. 코카콜라는 혁신적인 마케팅 전략을 통해 글로벌 시장에서 강력한 입지를 유지하고 있습니다.

1. 일관된 브랜드 이미지

코카콜라는 전 세계적으로 일관된 브랜드 이미지를 유지합니다. 빨간색 배경에 흰색 글씨의 로고, "Taste the Feeling"과 같은 슬로건은 전 세계 어디에서나 동일하게 사용됩니다. 이러한 일관성은 소비자들에게 친숙함과 신뢰감을 줍니다. 예를 들어, 여행 중에 다른 나라에서 코카콜라를 마시더라도 동일한 경험을 할 수 있습니다. 이는 글로벌 브랜드로서의 인지도를 높이는 데 중요한 요소입니다.

2. 현지화 전략

코카콜라는 각국의 문화와 소비자 취향을 반영하는 현지화 전략을 펼칩니다. 이는 다양한 광고와 프로모션을 통해 이루어집니다. 예를 들어, 인도에서는 볼리우드 스타를 기용한 광고를 제작하고, 일본에서는 인기 애니메이션 캐릭터를 활용한 마케팅을 진행합니다. 이러한 현지화 전략은 각국 소비자들의 마음을 사로잡고, 브랜드에 대한 친밀감을 높이는 데 이바지합니다.

3. 스포츠 및 음악 이벤트 후원

코카콜라는 다양한 스포츠와 음악 이벤트를 후원하여 브랜드 인지도를 높입니다. 월드컵, 올림픽, 슈퍼볼 등 전 세계적으로 주목받는 대형 이벤트를 후원함으로써 브랜드를 더욱 널리 알립니다. 예를 들어, 올림픽 기간 동안 코카콜라의 로고와 광고는 전 세계 시청자들에게 노출됩니다. 이는 브랜드 인지도를 크게 높이는 데 효과적입니다.

4. 혁신적인 광고 캠페인

코카콜라는 항상 혁신적인 광고 캠페인을 통해 소비자들에게 신선한 인상을 줍니다. 예를 들어, "Share a Coke" 캠페인은 각 병에 사람들의 이름을 넣어 소비자들이 자신의 이름이 적힌 코카콜라를 찾게 하여 큰 호응을 얻었습니다. 이러한 캠페인은 소비자들에게 참여감을 주고, 브랜드에 대한 긍정적인 경험을 제공합니다.

5. 소셜 미디어와 디지털 마케팅

코카콜라는 소셜 미디어와 디지털 마케팅을 통해 젊은 소비자들에게 다가가고 있습니다. 페이스북, 인스타그램, 트위터 등 다양한 플랫폼을 활용하여 소비자들과 소통하고, 브랜드 관련 콘텐츠를 공유합니다. 예를 들어, 인스타그램에서는 해시태그 캠페인을 통해 소비자들이 코카콜라와 관련된 사진을 공유하도록 유도합니다. 이는 브랜드와 소비자 간의 관계를 강화하는 데 도움을 줍니다.

6. 지속 가능한 경영과 사회적 책임

코카콜라는 지속 가능한 경영과 사회적 책임을 강조합니다. 환경 보호, 재활용, 지역 사회 지원 등 다양한 활동을 통해 긍정적인 기업 이미지를 구축하고 있습니다. 예를 들어, 코카콜라는 전 세계적으로 재활용할 수 있는 병을 사용하고, 물 사용량을 줄이기 위해 노력하고 있습니다. 이는 소비자들에게 책임 있는 브랜드로 인식되게 합니다.

코카콜라의 글로벌 마케팅 전략은 일관된 브랜드 이미지, 현지화 전략, 스포츠 및 음악 이벤트 후원, 혁신적인 광고 캠페인, 소셜미디어와 디지털 마케팅, 지속 가능한 경영과 사회적 책임 등 다양한 요소로 구성되어 있습니다. 이러한 전략은 코카콜라가 전 세계에서 강력한 브랜드로 자리 잡는 데 중요한 역할을 합니다.

맥도날드의 프랜차이즈 모델

맥도날드는 전 세계적으로 성공한 프랜차이즈 모델을 통해 성장한 대표적인 패스트푸드 브랜드입니다. 이 모델은 개별 소유주가 맥도날드 브랜드와 운영 방식을 사용하여 매장을 운영하는 구조입니다. 프랜차이즈 소유주는 초기 투자와 로열티를 지급하고, 맥도날드는 브랜드 인지도와 운영 시스템을 제공합니다. 이를 통해 맥도날드는 빠르게 글로벌 확장을 이루었으며, 지역별 특성에 맞춘 메뉴를 제공하여 현지화 전략도 성공적으로 수행하고 있습니다. 이러한 프랜차이즈 모델은 맥도날드의 지속적인 성장과 수익성 유지에 중요한 역할을 합니다.

1. 프랜차이즈 모델의 구조

맥도날드의 프랜차이즈 모델은 개별 소유주가 맥도날드의 브랜드와 운영 시스템을 사용하여 매장을 운영하는 구조입니다. 프랜차이즈 소유주는 초기 투자금을 지급하고, 맥도날드로부터 매장 운영에 필요한 교육, 마케팅 지원, 운영 매뉴얼 등을 제공합니다. 이를 통해 소유주는 맥도날드의 브랜드 가치를 활용하여 사업을 운영할 수 있습니다. 예를 들어, 맥도날드의 프랜차이즈 소유주는 메뉴, 서비스 표준, 매장 인테리어 등을 일관되게 유지하면서 사업을 운영합니다.

2. 초기 투자와 로열티

프랜차이즈 소유주는 맥도날드 브랜드를 사용하기 위해 초기 투자금과 로열티를 지급해야 합니다. 초기 투자금에는 매장 건설비용, 장비 구매, 인테리어 비용 등이 포함됩니다. 로열티는 매출의 일정 비율을 맥도날드 본사에 지급하는 것으로, 이는 마케팅 및 운영 지원 비용으로 사용됩니다. 예를 들어, 매출의 5%를 로열티로 지불하면, 이 금액은 맥도날드의 글로벌 마케팅 캠페인이나 새로운 메뉴 개발 등에 사용됩니다.

3. 글로벌 확장과 현지화

맥도날드는 프랜차이즈 모델을 통해 빠르게 글로벌 확장을 이루었습니다. 각국의 프랜차이즈 소유주들은 현지 시장에 맞춘 메뉴와 서비스를 제공하며, 맥도날드의 글로벌 브랜드 가치를 유지합니다. 예를 들어, 인도에서는 채식주의자를 위한 메뉴를 추가하고, 일본에서는 지역 특산물을 활용한 메뉴를 제공합니다. 이러한 현지화 전략은 각국 소비자들의 입맛과 문화에 맞춘 서비스를 제공하여 성공을 거두고 있습니다.

4. 운영 지원과 교육

맥도날드는 프랜차이즈 소유주에게 운영 지원과 교육을 제공합니다. 이는 매장 운영의 일관성을 유지하고, 높은 품질의 서비스를 제공하는 데 중요한 역할을 합니다. 예를 들어, 맥도날드는 새로운 프랜차이즈 소유주에게 운영 매뉴얼, 직원 교육 프로그램, 마케팅 전략 등을 제공합니다. 이를 통해 소유주는 효과적으로 매장을 운영하고, 소비자에게 일관된 품질의 제품과 서비스를 제공할 수 있습니다.

5. 브랜드 인지도와 마케팅

맥도날드는 강력한 브랜드 인지도가 있으며, 이를 활용한 마케팅 전략을 통해 프랜차이즈 매장의 성공을 도모합니다. 전 세계적으로 동일한 로고, 슬로건, 마케팅 캠페인을 사용하여 브랜드 이미지를 강화합니다. 예를 들어, "I'm Lovin' It" 슬로건과 황금 아치 로고는 전 세계 어디서나 같이 사용됩니다. 이는 소비자에게 친숙함을 주고, 브랜드 충성도를 높이는 데 이바지합니다.

6. 지속적인 혁신과 성장

맥도날드는 프랜차이즈 모델을 통해 지속적인 혁신과 성장을 이루고 있습니다. 새로운 메뉴 개발, 기술 도입, 서비스 개선 등을 통해 소비자의 요구에 부응하고, 시장 변화에 대응합니다. 예를 들어, 맥도날드는 모바일 주문 및 결제 시스템, 키오스크 도입 등을 통해 소비자 편의를 높였습니다. 이러한 혁신은 프랜차이즈 매장의 경쟁력을 유지하고, 지속적인 성장을 가능하게 합니다.

맥도날드의 프랜차이즈 모델은 초기 투자와 로열티를 통해 브랜드와 운영 시스템을 제공하고, 개별 소유주는 이를 활용하여 매장을 운영하는 구조입니다. 이러한 모델은 글로벌 확장, 현지화, 운영 지원, 브랜드 인지도 강화, 지속적인 혁신 등을 통해 맥도날드의 성공을 이끌어 왔습니다.

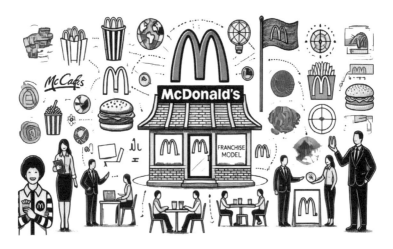

삼성의 글로벌 생산 전략

삼성전자는 전 세계에 걸쳐 생산 기지를 운영하며 글로벌 생산 전략을 펼치고 있습니다. 이 전략은 다양한 지역에서 제품을 생산함으로써 비용을 절감하고, 공급망을 최적화하며, 현지 시장에 빠르게 대응하는 것을 목표로 합니다. 주요 생산 기지로는 한국, 중국, 베트남, 인도 등이 있으며, 각 기지는 특정 제품군을 중심으로 운영됩니다. 이러한 글로벌 생산 전략은 삼성이 전 세계 소비자들에게 경쟁력 있는 가격과 높은 품질의 제품을 제공하는 데 중요한 역할을 합니다.

1. 글로벌 생산 기지 운영

삼성전자는 전 세계 여러 나라에 생산 기지를 운영하고 있습니다. 이는 생산 비용을 절감하고, 제품의 글로벌 공급망을 최적화하기 위한 전략입니다. 주요 생산 기지로는 한국, 중국, 베트남, 인도 등이 있습니다. 예를 들어, 베트남에서는 스마트폰과 가전제품을 대량으로 생산하고 있으며, 인도에서는 다양한 전자 제품을 생산하여 현지 시장을 공략하고 있습니다. 이러한 글로벌 생산 기지 운영은 각 지역의 경제적, 지리적 이점을 활용하여 생산 효율성을 극대화합니다.

2. 비용 절감

글로벌 생산 전략을 통해 삼성은 생산 비용을 절감할 수 있습니다. 예를 들어, 노동 비용이 비교적 저렴한 국가에서 생산 기지를 운영하면 인건비를 줄일 수 있습니다. 또한, 대규모 생산을 통해 규모의 경제를 실현하여 단가를 낮출 수 있습니다. 이는 소비자에게 경쟁력 있는 가격으로 제품을 제공할 수 있게 합니다. 예를 들어, 베트남의 생산 기지는 저렴한 노동력을 활용하여 스마트폰과 같은 대량 생산이 필요한 제품을 제조합니다.

3. 공급망 최적화

삼성의 글로벌 생산 전략은 공급망을 최적화하는 데도 중요한 역할을 합니다. 전 세계에 분산된 생산 기지를 통해 각 지역의 수요에 신속하게 대응할 수 있습니다. 예를 들어, 중국의 생산 기지는 아시아 시장을, 멕시코의 생산 기지는 북미 시장을 대상으로 한 공급망을 구축합니다. 이를 통해 물류비용을 절감하고, 제품을 더 빠르게 고객에게 전달할 수 있습니다.

4. 현지화 전략

삼성은 각국의 시장 특성에 맞춘 현지화 전략을 통해 글로벌 시장을 공략하고 있습니다. 이는 현지 소비자의 요구와 취향에 맞춘 제품을 개발하고 생산하는 것을 의미합니다. 예를 들어, 인도 시장을 위한 저가형 스마트폰을 인도에서 직접 생산하여 현지 소비자에게 맞춤형 제품을 제공합니다. 이러한 현지화 전략은 각국 시장에서 경쟁력을 높이는 데 중요한 역할을 합니다.

5. 기술 혁신과 품질 관리

삼성은 글로벌 생산 기지에서 기술 혁신과 품질 관리에 중점을 두고 있습니다. 이를 통해 전 세계 어디서나 동일한 품질의 제품을 제공할 수 있습니다. 예를 들어, 한국의 연구개발(R&D) 센터에서 개발된 최신 기술을 전 세계 생산 기지에 적용하여 높은 품질의 제품을 생산합니다. 또한, 각 생산 기지에서 엄격한 품질 관리를 통해 제품의 일관성을 유지합니다.

6. 지속 가능한 생산

삼성은 글로벌 생산 전략에서 지속 가능성을 중요하게 생각합니다. 환경 친화적인 생산 공정을 도입하고, 재생 가능한 에너지를 활용하여 생산 활동의 환경 영향을 최소화하려고 노력합니다. 예를 들어, 일부 생산 기지에서는 태양광 발전을 통해 전력을 공급받고 있습니다. 이러한 지속 가능한 생산 전략은 기업의 사회적 책임을 다하는 동시에, 장기적인 경영 안정성을 확보하는 데 이바지합니다.

삼성의 글로벌 생산 전략은 전 세계 여러 지역에서 생산 기지를 운영하며 비용 절감, 공급망 최적화, 현지화 전략, 기술 혁신과 품질 관리, 지속 가능한 생산 등을 통해 글로벌 시장에서 경쟁력을 유지하고 있습니다. 이러한 전략은 삼성이 전 세계 소비자에게 높은 품질의 제품을 경쟁력 있는 가격으로 제공하는 데 중요한 역할을 합니다.

디즈니의 콘텐츠 경제

디즈니는 전 세계적으로 가장 성공적인 콘텐츠 제작 및 배급 회사 중 하나로, 영화, TV 프로그램, 테마파크, 상품 등 다양한 분야에서 활동하고 있습니다. 디즈니의 콘텐츠 경제는 캐릭터와 스토리의 강력한 브랜드 파워를 바탕으로 구축되었습니다. 이를 통해 디즈니는 영화와 TV 프로그램뿐만 아니라 테마파크, 상품, 스트리밍 서비스 등에서 수익을 창출합니다. 디즈니+와 같은 스트리밍 서비스는 디즈니의 콘텐츠를 전 세계 소비자에게 직접 제공하는 중요한 플랫폼이 되었습니다. 이와 같은 전략을 통해 디즈니는 콘텐츠 경제에서 강력한 입지를 유지하고 있습니다.

1. 강력한 브랜드와 캐릭터

디즈니의 콘텐츠 경제는 강력한 브랜드와 캐릭터를 중심으로 구축되었습니다. 미키 마우스, 미니 마우스, 도널드 덕, 심바, 엘사 등 디즈니의 캐릭터들은 전 세계적으로 널리 알려져 있으며, 사랑받고 있습니다. 이러한 캐릭터들은 단순히 애니메이션에 머무르지 않고, 다양한 상품, 테마파크, TV 프로그램 등에 활용됩니다. 예를 들어, 미키 마우스는 디즈니의 상징적인 캐릭터로서, 다양한 상품과 테마파크에서 중요한 역할을 합니다.

2. 다양한 콘텐츠 플랫폼

디즈니는 다양한 콘텐츠 플랫폼을 통해 수익을 창출합니다. 영화와 TV 프로그램 제작은 물론, 디즈니+와 같은 스트리밍 서비스를 통해 전 세계 소비자에게 직접 콘텐츠를 제공합니다. 예를 들어, 디즈니+는 디즈니의 방대한 영화와 TV 프로그램 라이브러리를 제공하여 많은 구독자를 확보하고 있습니다. 이를 통해 디즈니는 콘텐츠 소비의 변화에 발맞춰 새로운 수익 모델을 구축하고 있습니다.

3. 테마파크와 리조트

디즈니의 테마파크와 리조트는 콘텐츠 경제에서 중요한 부분을 차지합니다. 디즈니랜드와 디즈니월드는 전 세계에서 가장 인기 있는 테마파크 중 하나로, 매년 수백만 명의 방문객을 끌어들입니다. 이곳에서는 디즈니의 캐릭터와 스토리를 기반으로 한 다양한 놀이

기구와 쇼를 즐길 수 있습니다. 예를 들어, '잭 스패로우'와 같은 캐릭터를 테마로 한 놀이기구는 영화 '캐리비안의 해적'을 실제로 체험할 수 있게 해줍니다.

4. 상품화와 라이센싱

디즈니는 캐릭터와 스토리를 상품화하여 큰 수익을 올리고 있습니다. 장난감, 의류, 문구류 등 다양한 상품에 디즈니 캐릭터를 활용하여 판매합니다. 예를 들어, '겨울왕국'의 엘사와 안나 캐릭터가 그려진 장난감과 의류는 전 세계 어린이들에게 큰 인기를 끌고 있습니다. 또한, 디즈니는 다른 회사에 라이센스를 제공하여 다양한 상품을 제작하게 함으로써 추가적인 수익을 창출합니다.

5. 콘텐츠 확장과 합병

디즈니는 콘텐츠 확장과 합병을 통해 시장에서의 입지를 강화하고 있습니다. 마블, 픽사, 루카스필름, 21세기 폭스와 같은 주요 콘텐츠 회사를 인수하여 방대한 콘텐츠 라이브러리를 구축했습니다. 예를 들어, 마블 스튜디오를 인수함으로써 '어벤져스' 시리즈와 같은 대규모 블록버스터 영화를 제작하고, 이를 통해 막대한 수익을 올리고 있습니다. 이러한 인수 합병 전략은 디즈니의 콘텐츠 경제를 더욱 강력하게 만듭니다.

6. 혁신과 기술 활용

디즈니는 혁신과 기술을 활용하여 콘텐츠 제작과 소비 방식을 혁신하고 있습니다. 가상현실(VR), 증강현실(AR) 기술을 활용하여 새로운 형태의 콘텐츠를 제공하고, 스트리밍 플랫폼을 통해 전 세계 소비자에게 직접 콘텐츠를 제공합니다. 예를 들어, 디즈니+는 고품질의 스트리밍 서비스를 통해 사용자 경험을 극대화하고, 디즈니의 다양한 콘텐츠를 손쉽게 접할 수 있게 합니다. 이러한 기술적 혁신은 디즈니가 디지털 시대에도 강력한 콘텐츠 제공자로 자리잡게 합니다.

디즈니의 콘텐츠 경제는 강력한 브랜드와 캐릭터, 다양한 콘텐츠 플랫폼, 테마파크와 리조트, 상품화와 라이센싱, 콘텐츠 확장과 합병, 혁신과 기술 활용 등 다양한 요소로 구성되어 있습니다. 이

러한 전략은 디즈니가 전 세계에서 강력한 콘텐츠 제공자로 자리 잡는 데 중요한 역할을 합니다.

나이키의 브랜드 가치
....

나이키는 전 세계에서 가장 유명한 스포츠 브랜드 중 하나로, 강력한 브랜드 가치를 지니고 있습니다. 이 브랜드 가치는 혁신적인 제품 디자인, 유명 스포츠 스타와의 협업, 효과적인 광고 캠페인, 지속 가능한 경영, 그리고 소비자와의 강력한 유대에서 비롯됩니다. 나이키는 'Just Do It' 슬로건과 스우시(Swoosh) 로고를 통해 강력한 브랜드 아이덴티티를 구축했습니다. 이러한 브랜드 가치는 나이키가 전 세계 소비자에게 신뢰를 얻고, 지속적인 성장을 이루는 데 중요한 역할을 합니다.

1. 혁신적인 제품 디자인

나이키는 항상 혁신적인 제품 디자인을 통해 시장을 선도합니다. 고성능 운동화, 의류, 스포츠용품 등을 개발하여 소비자에게 제공하며, 최신 기술을 적용한 제품들을 출시합니다. 예를 들어, 나이키의 '에어맥스(Air Max)' 시리즈는 혁신적인 쿠셔닝 기술로 유명하며, 많은 소비자에게 사랑받고 있습니다. 이러한 혁신적인 제품들은 나이키의 브랜드 가치를 높이는 중요한 요소입니다.

2. 유명 스포츠 스타와의 협업

나이키는 전 세계적으로 유명한 스포츠 스타들과 협업하여 브랜드 인지도를 높입니다. 마이클 조던, 타이거 우즈, 르브론 제임스, 세레나 윌리엄스 등과 같은 스포츠 스타들과의 협업을 통해 나이키는 강력한 마케팅 효과를 얻습니다. 예를 들어, 마이클 조던과 협력하여 출시한 '에어 조던(Air Jordan)' 시리즈는 큰 성공을 거두었으며, 이는 나이키의 브랜드 가치를 크게 높였습니다.

3. 효과적인 광고 캠페인

나이키는 효과적인 광고 캠페인을 통해 브랜드 가치를 극대화합니다. 'Just Do It' 슬로건은 전 세계적으로 유명하며, 나이키의 정신을 잘 나타내고 있습니다. 이 슬로건을 중심으로 한 광고 캠페인은 많은 사람들에게 영감을 주고, 운동의 중요성을 강조합니다. 예를 들어, 'Just Do It' 캠페인은 운동을 통해 도전과 성취를 이룰 수 있다는 메시지를 전달하며, 이는 소비자들에게 큰 감동을 줍니다.

4. 지속 가능한 경영

나이키는 지속 가능한 경영을 통해 브랜드 가치를 높이고 있습니다. 환경 보호와 사회적 책임을 중시하며, 지속 가능한 소재를 사용한 제품을 개발하고, 재활용 프로그램을 운영합니다. 예를 들어, 나이키는 '무브 투 제로(Move to Zero)' 캠페인을 통해 탄소 배출과 폐기물 제로화를 목표로 하고 있습니다. 이러한 노력은 소비자들에게 긍정적인 이미지를 제공하고, 브랜드 신뢰도를 높이는 데 이바지합니다.

5. 소비자와의 강력한 유대

나이키는 소비자와의 강력한 유대를 통해 브랜드 가치를 높입니다. 소셜 미디어와 디지털 플랫폼을 통해 소비자들과 소통하며, 개인 맞춤형 서비스를 제공합니다. 예를 들어, 나이키의 '나이키+앱(Nike+App)'은 사용자들이 운동 기록을 측정하고, 목표를 설정하며, 나이키 커뮤니티와 소통할 수 있게 합니다. 이러한 디지털 플랫폼은 소비자들에게 더 나은 경험을 제공하고, 브랜드 충성도를 높이는 데 중요한 역할을 합니다.

나이키의 브랜드 가치는 혁신적인 제품 디자인, 유명 스포츠 스타와의 협업, 효과적인 광고 캠페인, 지속 가능한 경영, 소비자와의 강력한 유대 등 다양한 요소로 구성되어 있습니다. 이러한 요소들은 나이키가 전 세계 소비자에게 신뢰를 얻고, 지속적인 성장을 이루는 데 중요한 역할을 합니다.

유니클로의 저가 고품질 전략

유니클로는 저가 고품질 전략을 통해 글로벌 패션 시장에서 성공을 거둔 브랜드입니다. 이 전략은 비용 효율적인 생산, 대량 구매, 효율적인 유통 시스템, 자체 연구 개발, 간소화된 디자인, 그리고 강력한 브랜드 인지도를 통해 구현됩니다. 유니클로는 기본적이면서도 세련된 디자인의 의류를 저렴한 가격에 제공하여 다양한 소비자층을 타겟으로 합니다. 이러한 접근 방식은 유니클로가 세계 각국에서 인기를 끌고, 경쟁력을 유지하는 데 큰 역할을 합니다.

1. 비용 효율적인 생산

유니클로는 비용 효율적인 생산 방식을 채택하여 저렴한 가격에 고품질의 제품을 제공합니다. 이는 대규모 생산 시설을 통해 이루어지며, 노동 비용이 낮은 국가에서 주로 생산이 이루어집니다. 예를 들어, 유니클로는 중국, 베트남 등에서 대규모로 의류를 생산하여 비용을 절감하고, 이를 소비자 가격에 반영합니다.

2. 대량 구매

유니클로는 원자재와 부자재를 대량 구매하여 단가를 낮추고, 이를 통해 가격 경쟁력을 확보합니다. 대량 구매를 통해 원자재 비용을 절감하고, 이익을 소비자에게 돌려줍니다. 예를 들어, 유니클로는 고품질의 면, 울, 기능성 원단 등을 대량으로 구매하여 저렴한 가격에 고품질의 제품을 제작합니다.

3. 효율적인 유통 시스템

유니클로는 효율적인 유통 시스템을 구축하여 비용을 절감하고, 제품을 신속하게 매장에 공급합니다. 중앙 집중식 물류센터를 통해 재고를 관리하고, 최신 물류 기술을 도입하여 물류비용을 절감합니다. 예를 들어, 유니클로는 일본, 중국, 유럽, 미국 등 주요 시장에 물류센터를 운영하여 글로벌 공급망을 최적화합니다.

4. 자체 연구 개발

유니클로는 자체 연구 개발(R&D)을 통해 혁신적인 제품을 개발합니다. 이는 기능성 원단, 편안한 착용감, 세련된 디자인 등을 포함합니다. 예를 들어, 유니클로의 히트텍(HEATTECH) 제품은 추운

날씨에 체온을 유지하는 기능성 원단으로 큰 인기를 끌고 있습니다. 이러한 연구 개발은 제품의 품질을 높이고, 소비자 만족도를 향상시킵니다.

5. 간소화된 디자인

유니클로의 디자인은 기본적이면서도 세련된 스타일을 지향합니다. 이는 다양한 소비자층에게 어필하며, 일상생활에서 쉽게 착용할 수 있는 제품을 제공합니다. 예를 들어, 유니클로의 기본 티셔츠, 청바지, 스웨터 등은 다양한 연령대와 성별에 관계없이 인기를 끌고 있습니다. 이러한 간소화된 디자인은 생산 효율성을 높이고, 비용을 절감하는 데 도움을 줍니다.

6. 강력한 브랜드 인지도

유니클로는 강력한 브랜드 인지도를 통해 글로벌 시장에서 성공을 거두고 있습니다. 이는 다양한 마케팅 활동과 협업을 통해 이루어집니다. 예를 들어, 유니클로는 유명 디자이너와의 협업, 글로벌 광고 캠페인, 사회적 책임 활동 등을 통해 브랜드 인지도를 높이고 있습니다. 이러한 전략은 소비자들에게 신뢰감을 주고, 브랜드 충성도를 높이는 데 이바지합니다.

유니클로의 저가 고품질 전략은 비용 효율적인 생산, 대량 구매,

효율적인 유통 시스템, 자체 연구 개발, 간소화된 디자인, 강력한 브랜드 인지도 등 다양한 요소로 구성되어 있습니다. 이러한 전략은 유니클로가 전 세계에서 경쟁력을 유지하고, 다양한 소비자층에게 사랑받는 브랜드로 자리 잡는 데 중요한 역할을 합니다.

마이크로소프트의 클라우드 비즈니스

마이크로소프트의 클라우드 비즈니스는 Azure라는 클라우드 플랫폼을 중심으로 이루어집니다. Azure는 데이터 저장, 가상 컴퓨팅, AI, 머신 러닝 등 다양한 서비스를 제공하여 기업들이 디지털 전환을 가속할 수 있게 돕습니다. 마이크로소프트는 클라우드 서비스를 통해 안정적인 수익을 창출하고 있으며, 전 세계 수많은 기업과 정부 기관들이 Azure를 이용하고 있습니다. 이에 따라 마이크로소프트는 클라우드 시장에서 AWS와 함께 선두 주자로 자리매김하고 있습니다. Azure의 성공은 마이크로소프트의 지속 가능한 성장과 혁신을 이끄는 중요한 요소입니다.

1. Azure의 다양한 서비스

마이크로소프트의 Azure는 다양한 클라우드 서비스를 제공합

니다. 데이터 저장, 가상 컴퓨팅, 네트워크 관리, 인공지능(AI), 머신
러닝, 데이터 분석 등 기업들이 필요로 하는 거의 모든 IT 서비스
를 클라우드에서 제공할 수 있습니다. 예를 들어, 기업은 Azure를
통해 데이터베이스를 관리하고, 대규모 데이터를 분석하며, 머신
러닝 모델을 개발할 수 있습니다. 이러한 다양한 서비스는 기업들
이 디지털 전환을 효과적으로 수행할 수 있도록 도와줍니다.

2. 안정적인 수익 창출

Azure는 마이크로소프트에 안정적인 수익을 제공합니다. 클라
우드 서비스는 구독 기반으로 운영되기 때문에 지속적인 수익 창
출이 가능하며, 이는 마이크로소프트의 재무 안정성을 높이는 데
이바지합니다. 예를 들어, 많은 기업이 Azure의 서비스를 구독하
여 사용하고 있으며, 이는 매월 반복적인 수익을 창출합니다. 이러
한 안정적인 수익 구조는 마이크로소프트가 지속 가능한 성장을
이루는 데 중요한 역할을 합니다.

3. 글로벌 시장에서의 경쟁력

Azure는 글로벌 클라우드 시장에서 AWS와 함께 선두 주자로
자리매김하고 있습니다. 이는 마이크로소프트가 전 세계 다양한
지역에 데이터 센터를 운영하며, 글로벌 인프라를 구축했기 때문입
니다. 예를 들어, 마이크로소프트는 미국, 유럽, 아시아 등 주요 지

역에 데이터 센터를 운영하여 전 세계 고객들에게 빠르고 안정적인 클라우드 서비스를 제공합니다. 이러한 글로벌 인프라는 Azure의 경쟁력을 높이는 데 중요한 요소입니다.

4. 기업과 정부 기관의 신뢰

Azure는 전 세계 수많은 기업과 정부 기관들이 신뢰하고 사용하는 클라우드 플랫폼입니다. 이는 Azure가 높은 보안성과 안정성을 제공하기 때문입니다. 예를 들어, 금융 기관, 의료 기관, 공공 기관 등 다양한 분야의 조직들이 Azure를 이용하여 데이터를 안전하게 관리하고, 복잡한 IT 인프라를 운영하고 있습니다. 이러한 신뢰는 Azure의 성장과 마이크로소프트의 브랜드 가치를 높이는 데 이바지합니다.

5. 디지털 전환 지원

마이크로소프트의 Azure는 기업들이 디지털 전환을 가속하는 데 큰 도움을 줍니다. 클라우드 컴퓨팅을 통해 기업들은 더 효율적이고 유연한 IT 인프라를 구축할 수 있으며, 이를 통해 혁신적인 비즈니스 모델을 구현할 수 있습니다. 예를 들어, 많은 기업이 온프레미스 서버를 클라우드로 이전하여 비용을 절감하고, 운영 효율성을 높이고 있습니다. 이러한 디지털 전환 지원은 마이크로소프트가 클라우드 시장에서 성공을 거두는 중요한 요소입니다.

6. 지속 가능한 성장과 혁신

Azure의 성공은 마이크로소프트의 지속 가능한 성장과 혁신을 이끄는 중요한 요소입니다. 클라우드 시장에서의 경쟁력을 바탕으로 마이크로소프트는 계속해서 새로운 기술을 개발하고, 고객의 요구에 맞춘 혁신적인 서비스를 제공하고 있습니다. 예를 들어, 마이크로소프트는 AI와 머신 러닝 기술을 Azure에 통합하여 기업들이 더 스마트한 비즈니스 결정을 내릴 수 있도록 돕고 있습니다. 이러한 지속적인 성장과 혁신은 마이크로소프트의 장기적인 성공을 보장합니다.

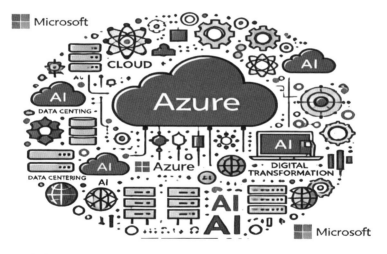

마이크로소프트의 클라우드 비즈니스는 Azure를 중심으로 다양한 서비스를 제공하며, 안정적인 수익 창출, 글로벌 경쟁력, 기업과 정부 기관의 신뢰, 디지털 전환 지원, 지속 가능한 성장과 혁신

등 다양한 요소로 구성되어 있습니다. 이러한 전략은 마이크로소프트가 전 세계 클라우드 시장에서 선두 주자로 자리매김하고, 지속 가능한 성장을 이루는 데 중요한 역할을 합니다.

메타(구 페이스북)의 광고 수익 모델

메타(구 페이스북)는 전 세계적으로 가장 큰 소셜 미디어 플랫폼 중 하나로, 광고 수익 모델을 통해 주요 수익을 창출합니다. 이 모델은 사용자의 관심사와 행동 데이터를 기반으로 타겟 광고를 제공하여 광고주에게 높은 효율성을 제공합니다. 메타는 광고주에게 다양한 광고 형식을 제공하며, 소규모 비즈니스부터 대기업까지 다양한 기업들이 메타 광고를 활용합니다. 광고주는 메타의 방대한 사용자 데이터를 통해 정확한 타겟팅이 가능하며, 이를 통해 높은 ROI(투자 대비 수익)를 얻을 수 있습니다. 이러한 광고 수익 모델은 메타의 성장을 이끄는 중요한 요소입니다.

1. 사용자 데이터 활용

메타의 광고 수익 모델은 사용자 데이터를 활용하여 타겟 광고를 제공하는 데 기반을 두고 있습니다. 메타는 사용자가 플랫폼에서 어떤 콘텐츠를 좋아하고, 어떤 페이지를 방문하며, 어떤 광고에 반응하는지 등의 데이터를 수집합니다. 이를 통해 사용자의 관심사와 행동을 분석하고, 광고주가 원하는 타겟 그룹에 맞춤형 광고를 제공할 수 있게 합니다. 예를 들어, 스포츠용품을 판매하는 회사는 운동에 관심이 있는 사용자에게 광고를 노출할 수 있습니다.

2. 다양한 광고 형식

메타는 광고주에게 다양한 광고 형식을 제공합니다. 이미지 광고, 동영상 광고, 슬라이드쇼 광고, 카루셀 광고 등 여러 가지 형식을 통해 광고주는 자신의 제품이나 서비스를 효과적으로 홍보할 수 있습니다. 이러한 다양한 광고 형식은 광고주가 창의적인 방법으로 소비자에게 다가갈 수 있도록 도와줍니다. 예를 들어, 패션 브랜드는 동영상 광고를 통해 새로운 컬렉션을 홍보할 수 있으며, 카루셀 광고를 통해 여러 제품을 동시에 소개할 수 있습니다.

3. 타겟팅 옵션

메타는 정교한 타겟팅 옵션을 제공하여 광고주가 원하는 고객에게 정확히 도달할 수 있도록 합니다. 나이, 성별, 위치, 관심사, 행동 패턴 등 다양한 기준으로 타겟팅이 가능합니다. 이는 광고주가 마케팅 예산을 효율적으로 사용할 수 있게 도와줍니다. 예를 들어,

특정 도시에서 열리는 이벤트를 홍보하는 광고주는 해당 지역에 거주하는 사용자에게만 광고를 노출할 수 있습니다. 이는 광고 효율성을 극대화하고, 높은 ROI를 달성하는 데 도움을 줍니다.

4. 광고성과 분석

메타는 광고주에게 광고성과를 분석할 수 있는 다양한 도구를 제공합니다. 이를 통해 광고주는 캠페인의 성과를 실시간으로 모니터링하고, 필요에 따라 전략을 조정할 수 있습니다. 클릭 수, 도달 범위, 참여율, 전환율 등 다양한 지표를 통해 광고 효과를 평가하고, 향후 캠페인에 반영할 수 있습니다. 예를 들어, 광고주가 A/B 테스트를 통해 어떤 광고가 더 효과적인지 비교하고, 더 나은 성과를 내는 광고를 선택할 수 있습니다.

5. 소규모 비즈니스 지원

메타의 광고 플랫폼은 소규모 비즈니스에도 큰 도움이 됩니다. 저렴한 비용으로 광고를 시작할 수 있으며, 타겟팅 옵션을 통해 소규모 예산으로도 효과적인 광고 캠페인을 운영할 수 있습니다. 이는 소규모 비즈니스가 글로벌 시장에서 경쟁할 기회를 제공합니다. 예를 들어, 지역 식당은 메타 광고를 통해 근처에 거주하는 잠재 고객들에게 레스토랑을 홍보할 수 있습니다.

6. 글로벌 도달 범위

메타는 전 세계적으로 수십억 명의 사용자를 보유하고 있어, 광고주는 글로벌 도달 범위를 갖게 됩니다. 이는 글로벌 시장을 타겟으로 하는 기업에 매우 유리합니다. 광고주는 다양한 언어와 문화에 맞춘 광고를 제작하여 전 세계 소비자에게 도달할 수 있습니다. 예를 들어, 다국적 기업은 여러 언어로 번역된 광고를 통해 각국의 소비자에게 자사 제품을 홍보할 수 있습니다.

메타의 광고 수익 모델은 사용자 데이터 활용, 다양한 광고 형식, 정교한 타겟팅 옵션, 광고성과 분석 도구, 소규모 비즈니스 지원, 글로벌 도달 범위 등으로 구성되어 있습니다. 이러한 모델은 메타가 전 세계에서 높은 광고 수익을 창출하고, 광고주에게 높은 ROI를 제공하는 데 중요한 역할을 합니다.

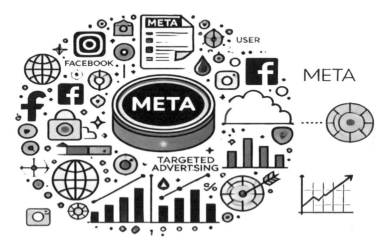

타타 그룹의 다각화 전략

타타 그룹은 인도의 대표적인 다국적 기업으로, 다양한 산업 분야
에 걸쳐 사업을 운영하는 다각화 전략을 통해 성공을 거두고 있습
니다. 이 그룹은 철강, 자동차, 정보기술, 통신, 소비재 등 여러 산
업에 진출하여 포트폴리오를 다각화했습니다. 이러한 다각화 전략
은 시장 변동성에 대한 리스크를 분산시키고, 안정적인 수익 창출
을 가능하게 합니다. 타타 그룹은 각 사업 부문에서 독립적으로 운
영되지만, 그룹 전체의 시너지 효과를 통해 경쟁력을 강화합니다.
이러한 전략은 타타 그룹이 글로벌 시장에서 강력한 입지를 유지
하는 데 중요한 역할을 합니다.

1. 다양한 산업 분야에 진출

타타 그룹은 여러 산업 분야에 걸쳐 사업을 운영합니다. 철강,

자동차, 정보기술, 통신, 소비재, 화학, 에너지 등 다양한 분야에서 활동하며, 이를 통해 포트폴리오를 다각화하고 있습니다. 예를 들어, 타타 철강(Tata Steel)은 글로벌 철강 시장에서 중요한 역할을 하고 있으며, 타타 모터스(Tata Motors)는 세계적인 자동차 제조업체로 자리 잡았습니다. 이러한 다양한 사업 부문은 그룹의 수익원을 다변화하고, 시장 변동성에 대한 리스크를 분산시키는 데 이바지합니다.

2. 시장 변동성에 대한 리스크 분산

다각화 전략은 타타 그룹이 시장 변동성에 대한 리스크를 분산시키는 데 중요한 역할을 합니다. 특정 산업의 경기 침체가 그룹 전체에 미치는 영향을 최소화하기 위해 다양한 산업에 진출하여 리스크를 분산시킵니다. 예를 들어, 철강 산업이 침체기에 들어서더라도, 정보기술이나 통신 부문에서 발생하는 수익이 그룹 전체의 재무 안정성을 유지하는 데 도움을 줍니다. 이는 타타 그룹이 지속 가능한 성장을 이루는 데 중요한 요소입니다.

3. 독립적 운영과 시너지 효과

타타 그룹의 각 사업 부문은 독립적으로 운영되지만, 그룹 전체의 시너지 효과를 통해 경쟁력을 강화합니다. 각 부문은 자체적인 경영 전략을 가지고 운영되며, 그룹 차원에서의 지원과 협력을 통해 더 큰 성과를 거둡니다. 예를 들어, 타타 그룹은 그룹 차원에서 연구개발(R&D) 활동을 지원하고, 각 부문 간의 기술 공유와 협력을 촉진합니다. 이는 그룹 전체의 혁신성과 경쟁력을 높이는 데 이바지합니다.

4. 글로벌 시장에서의 입지 강화

타타 그룹은 글로벌 시장에서 강력한 입지를 유지하고 있습니다. 이는 다양한 산업 분야에 걸쳐 사업을 운영하면서도, 각국의 시장 특성에 맞춘 현지화 전략을 통해 이루어집니다. 예를 들어, 타타 모터스는 인도 시장뿐만 아니라 유럽, 아시아, 아프리카 등 다양한 지역에서 차량을 판매하고 있으며, 각 지역의 요구에 맞춘 제품을 개발하고 있습니다. 이러한 글로벌 전략은 타타 그룹의 경쟁력을 높이는 데 중요한 역할을 합니다.

5. 지속 가능한 경영

타타 그룹은 지속 가능한 경영을 중요하게 생각하며, 환경 보호와 사회적 책임을 다하는 기업으로 자리 잡고 있습니다. 그룹 차원에서의 지속 가능성 목표를 설정하고, 각 사업 부문에서 이를 실현하기 위해 노력하고 있습니다. 예를 들어, 타타 그룹은 재생 에너지 사용을 확대하고, 친환경 제품을 개발하여 환경 영향을 최소화하고 있습니다. 이러한 노력은 소비자와 투자자들에게 긍정적인 이미지를 제공하고, 장기적인 성장을 가능하게 합니다.

6. 혁신과 기술 개발

타타 그룹은 혁신과 기술 개발을 통해 경쟁력을 강화하고 있습니다. 각 사업 부문에서의 연구개발(R&D) 활동을 지원하며, 새로운 기술과 제품을 개발하여 시장에서의 경쟁 우위를 확보합니다. 예를 들어, 타타 그룹은 정보기술 부문에서 인공지능(AI), 빅데이터, 클라우드 컴퓨팅 등의 최신 기술을 도입하여 새로운 비즈니스 기회를 창출하고 있습니다. 이러한 혁신은 타타 그룹이 글로벌 시장에서 지속적으로 성장할 수 있는 기반을 마련합니다.

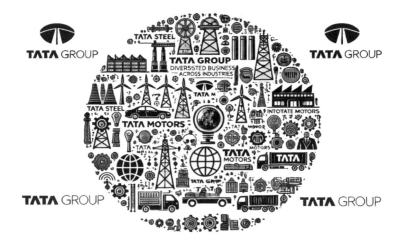

타타 그룹의 다각화 전략은 다양한 산업 분야에 걸쳐 사업을 운영하며, 시장 변동성에 대한 리스크를 분산시키고, 안정적인 수익

창출을 가능하게 합니다. 독립적 운영과 시너지 효과, 글로벌 시장에서의 입지 강화, 지속 가능한 경영, 혁신과 기술 개발 등 다양한 요소를 통해 타타 그룹은 글로벌 시장에서 강력한 입지를 유지하고 있습니다.

트위터의 소셜 미디어 경제

트위터는 전 세계적으로 인기 있는 소셜 미디어 플랫폼으로, 사용자들이 실시간으로 짧은 메시지(트윗)를 공유할 수 있도록 합니다. 이 플랫폼은 뉴스, 정치, 엔터테인먼트 등 다양한 분야에서 중요한 정보 공유의 장으로 자리 잡았습니다. 트위터는 광고, 프로모션 트윗, 데이터 라이선싱 등의 방법을 통해 수익을 창출합니다. 기업과 광고주는 트위터를 통해 특정 타겟층에 도달할 수 있으며, 사용자 데이터 분석을 통해 맞춤형 광고를 제공할 수 있습니다. 이러한 소셜 미디어 경제 모델은 트위터의 성장을 이끄는 중요한 요소입니다.

1. 실시간 정보 공유 플랫폼

트위터는 실시간으로 정보를 공유할 수 있는 소셜 미디어 플랫폼입니다. 사용자는 최대 280자의 짧은 메시지를 통해 자신의 생각, 뉴스, 의견 등을 공유할 수 있습니다. 이러한 실시간 정보 공유 특성 덕분에 트위터는 뉴스 속보, 정치적 사건, 사회적 이슈 등에 대한 즉각적인 정보 교환의 장으로 자리 잡았습니다. 예를 들어, 중요한 사건이 발생하면 전 세계 사람들이 트위터를 통해 실시간으로 정보를 얻고, 의견을 나눕니다.

2. 광고 수익 모델

트위터의 주요 수익원 중 하나는 광고입니다. 기업과 광고주는 트위터의 광고 플랫폼을 통해 특정 타겟층에 광고를 노출할 수 있습니다. 트위터는 사용자 데이터를 분석하여 맞춤형 광고를 제공하며, 이는 광고 효과를 극대화합니다. 예를 들어, 스포츠 용품 브랜드는 운동에 관심이 있는 사용자에게 광고를 노출할 수 있으며, 이를 통해 높은 전환율을 기대할 수 있습니다. 트위터는 프로모션 트윗, 트렌딩 해시태그, 프로모션 계정 등의 다양한 광고 형식을 제공합니다.

3. 프로모션 트윗과 트렌딩 해시태그

트위터는 프로모션 트윗과 트렌딩 해시태그를 통해 수익을 창출합니다. 프로모션 트윗은 광고주가 비용을 지급하여 특정 사용자에게 노출하는 트윗으로, 이는 일반 트윗과 동일하게 보이지만 광고라는 표시가 있습니다. 트렌딩 해시태그는 광고주가 비용을 지불하여 특정 해시태그를 트렌드 목록에 올리는 방식입니다. 이러한 광고 형식은 광고주가 더 많은 사용자에게 도달하고, 브랜드 인지도를 높이는 데 도움을 줍니다.

4. 데이터 라이선싱

트위터는 데이터 라이선싱을 통해 추가 수익을 창출합니다. 이는 트위터의 방대한 사용자 데이터를 분석하여 기업이나 연구기관에 제공하는 방식입니다. 이러한 데이터는 시장 조사, 트렌드 분석, 소비자 행동 연구 등 다양한 용도로 활용될 수 있습니다. 예를 들어, 기업은 트위터 데이터를 분석하여 소비자들의 반응을 파악하고, 이를 바탕으로 마케팅 전략을 수립할 수 있습니다. 데이터 라이선싱은 트위터의 중요한 수익원 중 하나입니다.

5. 사용자 참여와 성장

트위터는 사용자 참여를 통해 플랫폼을 성장시키고, 이를 수익으로 연결합니다. 트위터는 다양한 기능을 제공하여 사용자들이 활발하게 활동하도록 유도합니다. 예를 들어, 리트윗, 좋아요, 댓글 등의 기능을 통해 사용자들이 서로 소통하고, 관심 있는 주제에 대해 활발히 토론할 수 있습니다. 이러한 사용자 참여는 트위터의 활성도를 높이고, 광고주에게 더 매력적인 플랫폼으로 만듭니다.

6. 글로벌 도달 범위

트위터는 전 세계적으로 수억 명의 사용자를 보유하고 있으며, 이는 글로벌 도달 범위를 제공합니다. 광고주와 기업은 트위터를 통해 전 세계 소비자에게 도달할 수 있으며, 다양한 언어와 문화에 맞춘 광고를 제작할 수 있습니다. 예를 들어, 다국적 기업은 여러 언어로 번역된 광고를 통해 각국의 소비자에게 자사 제품을 홍보할 수 있습니다. 이러한 글로벌 도달 범위는 트위터의 경쟁력을 높이는 중요한 요소입니다.

트위터의 소셜 미디어 경제는 실시간 정보 공유 플랫폼, 광고 수익 모델, 프로모션 트윗과 트렌딩 해시태그, 데이터 라이선싱, 사용자 참여와 성장, 글로벌 도달 범위 등 다양한 요소로 구성되어 있습

니다. 이러한 모델은 트위터가 전 세계에서 높은 광고 수익을 창출하고, 광고주에게 높은 ROI를 제공하는 데 중요한 역할을 합니다.

바이두의 AI 경제 전략

바이두는 중국의 주요 기술 기업으로, AI(인공지능) 기술을 중심으로 한 경제 전략을 통해 성장하고 있습니다. 이 회사는 AI 연구 개발에 막대한 투자를 하고 있으며, 이를 통해 자율주행, 음성 인식, 이미지 처리 등 다양한 분야에서 혁신적인 기술을 선보이고 있습니다. 바이두의 AI 기술은 검색 엔진, 스마트 스피커, 자율주행차 등 다양한 제품과 서비스에 적용되고 있습니다. 이러한 AI 전략은 바이두가 글로벌 시장에서 경쟁력을 유지하고, 지속 가능한 성장을 이루는 데 중요한 역할을 합니다. 이제 이러한 AI 경제 전략을 자세히 살펴보겠습니다.

1. AI 연구 개발 투자

바이두는 AI 기술의 연구 개발에 막대한 투자를 지속적으로 확대하고 있습니다. 이를 통해 혁신적인 AI 솔루션을 개발하며, 다양한 제품과 서비스에 이를 적용하고 있습니다. 특히, 자율주행차 개발을 위한 Apollo라는 오픈 소스 플랫폼을 통해 자율주행 기술의 빠른 발전을 지원하고 있습니다. 또한, 딥 러닝 연구소 및 글로벌 AI 연구 네트워크를 구축하여, 최첨단 AI 기술 연구를 촉진하고 있습니다. 이러한 투자는 바이두가 AI 분야에서 글로벌 선두 주자로 자리매김하는 데 중요한 역할을 하고 있습니다.

2. 자율주행 기술

바이두는 자율주행 기술 개발에 중점을 두고 있으며, Apollo 플랫폼을 통해 이를 가속화하고 있습니다. 중국 내 여러 도시에서 자율주행차 테스트를 진행하며 기술의 안전성과 효율성을 검증하고 있습니다. 이와 함께, 바이두는 자율주행 기술을 다양한 교통 솔루션에 통합하고, 물류, 배송 등 여러 산업에서 혁신을 주도하고 있습니다. 자율주행 기술은 교통사고 감소와 효율적인 교통 관리, 그리고 물류 혁신을 가능하게 하며, 바이두의 주요 성장 동력으로 작용하고 있습니다.

3. 음성 인식 기술

바이두는 DuerOS라는 음성 인식 플랫폼을 통해 스마트 스피커, 스마트폰, 차량 내비게이션 등 다양한 기기에 음성 인식 기능을 통합하고 있습니다. 이 플랫폼은 자연어 처리 및 대화형 AI의 발전을 지원하며, 사용자와의 인터랙션을 보다 자연스럽고 효율적으로 만들어줍니다. 예를 들어, 바이두의 스마트 스피커는 음성 명령을 통해 음악 재생, 정보 검색, 스마트 홈 제어 등을 가능하게 하여 사용자 경험을 대폭 향상시킵니다. 이 기술은 바이두 제품과 서비스의 수요를 높이는 데 크게 이바지하고 있습니다.

4. 이미지 처리 기술

바이두의 이미지 처리 기술은 사진 속 사물을 정확하게 인식하고, 이를 바탕으로 관련성 높은 검색 결과를 제공하는 데 사용됩니다. 또한, 이 기술은 보안, 의료, 광고 등 다양한 분야에서 활용되고 있으며, AI 기반 데이터 분석의 정밀도를 높이고 있습니다. 예를 들어, 바이두의 의료 이미지 분석 솔루션은 질병 진단을 보다 빠르고 정확하게 하는 데 도움을 주며, 이러한 기술은 바이두의 데이터 분석과 AI 경쟁력을 유지하는 핵심 요소입니다.

5. AI 기반 서비스와 제품

바이두는 AI 기술을 활용한 다양한 서비스와 제품을 제공하여 시장 경쟁력을 강화하고 있습니다. AI 알고리즘을 기반으로 한 검색 엔진은 사용자에게 더욱 정확하고 관련성 높은 검색 결과를 제공하며, AI 기반 광고 플랫폼은 광고주들에게 더 높은 마케팅 효율성을 제공합니다. 이와 함께, 바이두는 AI를 활용한 금융, 헬스케어, 스마트 시티 솔루션 등 다양한 분야로 확장하여 새로운 비즈니스 기회를 창출하고 있습니다. 이러한 AI 기반 서비스와 제품은 바이두의 수익성을 높이고 시장 지배력을 강화하는 중요한 역할을 합니다.

6. 글로벌 시장 확장

바이두는 AI 기술을 통해 글로벌 시장으로 확장을 적극적으로 추진하고 있습니다. 해외 연구소 설립과 글로벌 파트너십 구축을 통해 기술 협력을 강화하며, 글로벌 인재를 확보하고 있습니다. 예를 들어, 미국, 싱가포르, 일본 등지에 AI 연구소를 운영하며, 글로벌 네트워크를 확장하고 있습니다. 또한, 바이두는 각국의 규제와 표준화 노력에 부응하여, 글로벌 시장에서의 경쟁력을 유지하고 있습니다. 이러한 글로벌 확장 전략은 바이두가 세계 시장에서 지속 가능한 성장을 이루는 데 필수적인 요소입니다.

바이두의 AI 경제 전략은 AI 연구 개발 투자, 자율주행 기술, 음성 인식 기술, 이미지 처리 기술, AI 기반 서비스와 제품, 글로벌 시장 확장 등 다양한 요소로 구성되어 있습니다. 이러한 전략은 바이두가 글로벌 시장에서 경쟁력을 유지하고, 지속 가능한 성장을 이루는 데 중요한 역할을 합니다.

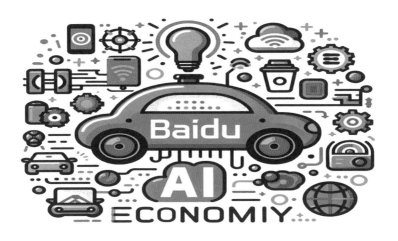

IBM의 데이터 분석 전략

IBM은 전 세계적으로 데이터 분석과 인공지능(AI) 솔루션을 제공하는 선도적인 기술 기업입니다. 이 회사는 데이터 분석을 통해 비즈니스 인사이트를 도출하고, 기업들이 더 나은 의사 결정을 내릴 수 있도록 지원합니다. IBM의 데이터 분석 전략은 다양한 산업 분야에서 적용되며, 이는 IBM이 글로벌 시장에서 경쟁력을 유지하는 데 중요한 역할을 합니다.

1. 데이터 분석 플랫폼

IBM은 다양한 데이터 분석 플랫폼을 제공하여 기업들이 데이터에서 유의미한 인사이트를 도출할 수 있도록 지원합니다. 대표적인 플랫폼으로는 IBM Watson이 있습니다. IBM Watson은 인공지능과 머신 러닝 기술을 활용하여 대규모 데이터를 분석하고, 패턴과 트렌드를 식별합니다. 예를 들어, 소매업체는 IBM Watson을 활용하여 고객의 구매 패턴을 분석하고, 이를 바탕으로 맞춤형 마케팅 전략을 수립할 수 있습니다.

2. 인공지능과 머신 러닝

IBM은 인공지능과 머신 러닝 기술을 데이터 분석에 접목하여 더욱 정교한 분석 결과를 제공합니다. 이를 통해 기업들은 예측 분석, 이상 탐지, 자연어 처리 등의 고급 분석 기능을 활용할 수 있습니다. 예를 들어, 금융기관은 IBM의 인공지능 기술을 활용하여 사기 거래를 실시간으로 탐지하고, 리스크 관리를 강화할 수 있습니다.

3. 다양한 산업 분야에 적용

IBM의 데이터 분석 솔루션은 다양한 산업 분야에 적용되고 있습니다. 제조업, 헬스케어, 금융, 소매업 등 여러 분야에서 IBM의 솔루션을 통해 운영 효율성을 높이고, 비용을 절감하며, 고객 경험을 개선할 수 있습니다. 예를 들어, 헬스케어 분야에서는 IBM Watson Health를 통해 환자의 의료 데이터를 분석하고, 개인 맞춤형 치료 계획을 제공할 수 있습니다.

4. 클라우드 기반 데이터 분석

IBM은 클라우드 기반 데이터 분석 서비스를 제공하여 기업들이 대규모 데이터를 효율적으로 관리하고 분석할 수 있도록 지원합니다. IBM Cloud는 안전하고 유연한 클라우드 환경을 제공하며, 데이터 저장, 처리, 분석을 위한 다양한 도구를 갖추고 있습니다. 예를 들어, 기업은 IBM Cloud를 통해 데이터를 안전하게 저장하고, 필요한 시점에 실시간으로 분석할 수 있습니다.

5. 데이터 보안과 개인정보 보호

IBM은 데이터 보안과 개인정보 보호를 중요하게 생각하며, 이를 위한 다양한 솔루션을 제공합니다. 기업들이 데이터를 안전하게 관리하고, 개인정보 보호 규정을 준수할 수 있도록 지원합니다. 예를 들어, IBM은 데이터 암호화, 접근 제어, 보안 모니터링 등의 기능을 제공하여 데이터 유출을 방지하고, 보안성을 강화합니다.

6. 고객 사례와 성공 스토리

IBM은 다양한 고객 사례와 성공 스토리를 통해 데이터 분석의 중요성과 효과를 보여주고 있습니다. 많은 기업이 IBM의 데이터 분석 솔루션을 통해 실질적인 비즈니스 성과를 달성하고 있으며, 이는 IBM의 신뢰성과 경쟁력을 높이는 데 이바지합니다. 예를 들어, 글로벌 소매업체는 IBM의 솔루션을 통해 재고 관리를 최적화하고,

매출을 증가시켰습니다.

IBM의 데이터 분석 전략은 데이터 분석 플랫폼, 인공지능과 머신 러닝, 다양한 산업 분야에의 적용, 클라우드 기반 데이터 분석, 데이터 보안과 개인정보 보호, 고객 사례와 성공 스토리 등으로 구성되어 있습니다. 이러한 전략은 IBM이 글로벌 시장에서 경쟁력을 유지하고, 기업에 높은 가치를 제공하는 데 중요한 역할을 합니다.

우버의 공유 경제 모델

우버는 차량 공유 서비스를 통해 공유 경제 모델을 성공적으로 구현한 대표적인 기업입니다. 이 모델은 차량을 소유한 운전자와 탑승자가 우버 앱을 통해 연결되어 운행 서비스를 제공받는 구조입니다. 우버는 차량 소유의 필요성을 줄이고, 기존 자원을 효율적으로 활용하여 경제적 이점을 창출합니다. 또한, 우버는 사용자 데이터 분석을 통해 서비스 품질을 개선하고, 맞춤형 추천을 제공합니다. 이 모델은 운전자에게 추가 수입원을 제공하고, 탑승자에게는 편리하고 저렴한 이동 수단을 제공합니다.

1. 플랫폼 기반 서비스

우버는 플랫폼 기반의 차량 공유 서비스를 제공합니다. 우버 앱을 통해 운전자와 탑승자를 연결하고, 양측이 필요한 정보를 실시간으로 주고받을 수 있게 합니다. 운전자는 자신의 차량을 사용하여 탑승자를 원하는 목적지로 이동시키고, 탑승자는 앱을 통해 손쉽게 차량을 호출할 수 있습니다. 이 플랫폼 기반 서비스는 기존의 택시 산업과 차별화되며, 더 효율적이고 편리한 이동 수단을 제공합니다.

2. 차량 소유의 필요성 감소

우버의 공유 경제 모델은 차량 소유의 필요성을 줄입니다. 사람들이 필요할 때만 차량을 호출하여 사용할 수 있기 때문에, 개인이 차량을 소유하지 않아도 편리하게 이동할 수 있습니다. 이는 차량 유지비, 주차비, 보험료 등 차량 소유와 관련된 비용을 절감할 수 있게 합니다. 예를 들어, 도심 지역에서는 우버를 이용하는 것이 차량을 소유하는 것보다 경제적으로 유리할 수 있습니다.

3. 기존 자원의 효율적 활용

우버는 기존 자원을 효율적으로 활용하여 경제적 이점을 창출합니다. 개인 소유의 차량을 공유하여 사용하기 때문에, 차량의 유휴 시간을 줄이고, 자원의 활용도를 높입니다. 이는 환경적인 측면에서도 긍정적인 영향을 미칠 수 있습니다. 예를 들어, 여러 사람이 한 대의 차량을 공유하면, 도로에 운행되는 차량의 수가 줄어들어 교통 혼잡과 탄소 배출을 감소시킬 수 있습니다.

4. 사용자 데이터 분석

우버는 사용자 데이터를 분석하여 서비스 품질을 지속적으로 개선하고, 맞춤형 추천을 제공합니다. 사용자의 이동 패턴, 선호도, 피드백 등을 분석하여 더 나은 서비스 제공을 위한 전략을 수립합니다. 예를 들어, 특정 시간대나 지역에서 차량 수요가 높은 경우, 이를 예측하여 해당 지역에 더 많은 차량을 배치할 수 있습니다. 이러한 데이터 기반 접근 방식은 우버의 경쟁력을 강화하는 데 중요한 역할을 합니다.

5. 운전자와 탑승자에게 제공되는 이점

우버는 운전자와 탑승자 모두에게 이점을 제공합니다. 운전자는 자신의 여유 시간을 활용하여 추가 수입을 얻을 수 있으며, 우버의 플랫폼을 통해 손쉽게 일감을 찾을 수 있습니다. 탑승자는 편리하고 저렴한 이동 수단을 제공받을 수 있으며, 앱을 통해 운행 경로, 요금, 운전자 정보를 확인할 수 있습니다. 이러한 이점은 우버의 서비스 이용을 촉진하고, 사용자 만족도를 높이는 데 이바지합니다.

6. 글로벌 확장과 도전 과제

우버는 전 세계 여러 국가에서 서비스를 제공하며, 글로벌 시장에서 큰 성공을 거두었습니다. 그러나 각국의 규제, 문화적 차이, 현지 경쟁 등 다양한 도전 과제도 존재합니다. 우버는 이러한 도전

과제를 극복하기 위해 현지화 전략을 채택하고, 각국의 법규를 준수하며, 현지 파트너십을 강화하고 있습니다. 예를 들어, 일부 국가에서는 기존 택시 산업과의 갈등을 해결하기 위해 협력 모델을 도입하기도 했습니다.

우버의 공유 경제 모델은 플랫폼 기반 서비스, 차량 소유의 필요성 감소, 기존 자원의 효율적 활용, 사용자 데이터 분석, 운전자와 탑승자에게 제공되는 이점, 글로벌 확장과 도전 과제 등 다양한 요소로 구성되어 있습니다. 이러한 모델은 우버가 전 세계에서 성공을 거두고, 공유 경제의 대표적인 사례로 자리 잡는 데 중요한 역할을 합니다.

PART 3

생활 속 경제 이해

3장

일상 속 경제적 의사결정

개인이 일상생활에서 내리는 경제적 의사결정의 중요성을 다룹니다. 소비 습관이 경제적 선택에 미치는 영향을 분석하고, 가치를 기준으로 한 우선순위 설정 방법을 설명합니다.

또한, 단기 및 장기 목표를 설정하고, 이를 달성하기 위한 계획을 세우는 방법을 제시합니다. 일상에서 흔히 겪는 경제적 딜레마를 다루며, 경제적 선택이 재정 안정과 목표 달성에 어떻게 기여하는지 탐구합니다.

소비 습관과 경제적 선택

소비 습관과 경제적 선택은 우리가 일상에서 돈을 어떻게 쓰는지와 관련된 중요한 개념입니다. 소비 습관은 우리가 반복적으로 돈을 지출하는 방식과 패턴을 의미하며, 경제적 선택은 그 과정에서 어떤 물건이나 서비스를 살지 결정하는 것입니다. 올바른 소비 습관을 지니면 불필요한 지출을 줄이고, 경제적으로 더 안정된 삶을 살 수 있습니다. 반면, 잘못된 소비 습관은 경제적 스트레스를 유발하고, 저축이나 투자 여력을 줄일 수 있습니다. 경제적 선택을 잘하는 것은 장기적인 재정 목표를 달성하는 데 큰 도움이 됩니다.

소비 습관은 우리가 매일 사용하는 돈의 흐름을 반영하는 중요한 부분입니다. 예를 들어, 매일 아침 커피를 사는 것, 주말마다 외식하는 것, 혹은 온라인 쇼핑에서 충동적으로 물건을 구매하는 것 모두가 우리의 소비 습관에 해당합니다. 이러한 습관은 편리하고 즐거움을 줄 수 있지만, 시간이 지나면서 상당한 비용이 될 수 있습니다. 따라서 자신의 소비 습관을 먼저 인식하는 것이 중요합니다. 한 달 동안 지출을 기록해 보면 어디에 돈을 많이 쓰고 있는지 명확하게 알 수 있습니다.

경제적 선택은 우리의 소비 습관을 바탕으로 어떤 제품이나 서비스를 선택할지 결정하는 과정입니다. 이때 중요한 것은 자신의 필요와 욕구를 명확히 구분하는 것입니다. 필요는 생존과 직결된 필수적인 지출이며, 욕구는 삶을 더 편리하고 즐겁게 만드는 선택적인 지출입니다. 예를 들어, 식료품이나 주거비는 필수적인 지출이지만, 최신 스마트폰이나 고가의 명품은 선택적인 지출에 해당합니다.

경제적 선택을 잘하기 위해서는 자신의 재정 상황을 명확히 파악하는 것이 중요합니다. 이를 위해 먼저 월별 수입과 고정 지출을 정리하고, 얼마의 자금을 자유롭게 사용할 수 있는지 파악해야 합니다. 지출을 분류하는 것도 도움이 됩니다. 필수 지출(예 : 주거비, 식료품)과 선택적 지출(예 : 외식, 취미활동)을 나누어 본다면, 선택적 지출에서 조정할 여지가 있는 부분을 찾을 수 있습니다. 저축을 우선하는 습관을 들이는 것도 중요합니다. 월급을 받으면 먼저 일정 금액을 저축하거나 투자하고, 남은 돈으로 생활하는 방식을 채택하면 자연스럽게 불필요한 지출이 줄어듭니다. 가격 비교와 리뷰를 통해 더 나은 선택을 할 수 있으며, 꼭 필요한 경우에만 구매를 결정하는 습관도 중요합니다. 마지막으로, 장기적인 재정 목표를 세우고 이를 달성하기 위해 꾸준히 계획을 실행하는 것이 경제적 선택을 잘하는 데 큰 도움이 됩니다.

결국, 올바른 소비 습관과 경제적 선택은 개인의 재정 건강을 유지하는 데 필수적입니다. 장기적으로는 경제적 안정을 이루고, 원하는 재정 목표를 달성하는 데 큰 도움이 될 것입니다.

가치와 우선순위 설정

가치와 우선순위 설정은 경제적 결정을 내릴 때 중요한 기준이 됩니다. 각 개인이 중요하게 여기는 가치에 따라 돈을 어디에 쓸지, 어떤 소비를 우선할지 결정하게 됩니다. 올바른 우선순위 설정은 제한된 자원을 효율적으로 사용하는 데 도움이 됩니다. 예를 들어, 긴급한 지출과 미래를 위한 저축을 우선시하는 것이 필요합니다. 이를 통해 경제적 안정과 개인적인 만족을 동시에 달성할 수 있습니다. 잘못된 우선순위는 재정적 스트레스와 후회를 초래할 수 있습니다.

가치와 우선순위 설정은 개인의 삶에서 매우 중요한 경제적 결정 요소입니다. 우리의 시간과 돈은 한정되어 있기 때문에, 모든 것을 다 가질 수는 없습니다. 따라서, 어떤 것에 더 큰 가치를 두고, 그것을 우선시할지 결정하는 것이 중요합니다. 예를 들어, 가족과의 시간, 건강, 교육, 직업 발전, 여가 생활 등 각 개인이 중요하게 여기는 가치가 다를 수 있습니다. 이러한 가치를 바탕으로 우선순위를 설정하면, 재정적 선택을 할 때 어떤 지출이 진정으로 중요한지 명확하게 알 수 있습니다.

가치와 우선순위를 설정할 때는 긴급성과 중요성을 기준으로 삼을 수 있습니다. 긴급한 것들은 당장 해결하지 않으면 안 되는 문제들로, 예를 들어 건강 문제나 생활비 지출이 이에 해당할 수 있습니다. 중요한 것은 장기적인 목표나 가치와 관련된 것들로, 예를 들어 저축, 투자, 자기 계발 등이 여기에 포함됩니다. 긴급하지만 중요하지 않은 것들에 돈을 쓰기보다, 중요한 것들에 먼저 자원을 할당하는 것이 바람직합니다.

이를 실천하기 위해서는 우선순위 리스트를 작성하는 것이 도움이 됩니다. 현재 자신의 재정 상황을 검토하고, 가장 중요한 지출 항목을 목록으로 작성해 보세요. 그리고 그다음으로 중요한 것, 그다음으로 덜 중요한 것을 순서대로 나열합니다. 이 리스트는 재정적 결정을 내릴 때 지침이 되며, 충동적으로 돈을 쓰는 것을 막아줍니다. 또한, 가치에 맞지 않는 지출을 줄이는 것도 중요합니다. 예를 들어, 사회적 압박이나 순간적인 욕구로 인해 돈을 쓰는 경우가 많습니다. 이러한 지출은 실제로 당신의 가치와 일치하지 않을 수 있으므로, 지출 후 만족감을 느끼지 못하게 됩니다.

궁극적으로, 가치와 우선순위 설정은 장기적인 재정 건강을 유지하고, 경제적 스트레스를 줄이며, 삶의 질을 향상하는 데 큰 역할을 합니다. 자기 삶에서 무엇이 진정으로 중요한지 생각해 보고, 그에 따라 지출과 저축을 계획하는 습관을 길러야 합니다. 이를 통해 불필요한 지출을 줄이고, 자신의 목표를 이루는 데 더 집중할 수 있을 것입니다.

단기및장기목표설정

단기 및 장기 목표 설정은 재정 관리에서 중요한 부분입니다. 단기 목표는 비교적 짧은 시간 내에 달성할 수 있는 목표로, 예를 들어 몇 달 안에 빚을 갚거나 휴가 자금을 마련하는 것 등이 포함됩니다. 장기 목표는 더 오랜 시간에 걸쳐 달성해야 하는 목표로, 예를 들어 주택 구매, 은퇴 자금 마련, 자녀 교육 자금 마련 등이 있습니다. 이러한 목표를 설정하면 재정 관리에 명확한 방향을 제시할 수 있습니다. 목표를 구체적으로 설정하고, 이를 달성하기 위한 계획을 세우는 것이 중요합니다. 이는 재정적 안정과 더 나은 미래를 위해 필수적인 과정입니다.

단기 및 장기 목표 설정은 개인의 재정 관리를 효과적으로 하기 위한 핵심 요소입니다.

단기 목표는 1년 이내에 달성할 수 있는 목표들로, 비교적 즉각적인 필요를 충족시키는 데 초점을 맞춥니다. 예를 들어, 한 달에 일정 금액을 저축해서 긴급 자금을 마련하거나, 다가오는 생일이나 휴가를 위해 돈을 모으는 것이 단기 목표에 해당할 수 있습니다. 이러한 목표는 구체적이고 측정할 수 있어야 하며, 달성 기간이 명확하게 설정되어야 합니다. 이렇게 하면 동기 부여가 되고, 단기간 내 성취감을 느낄 수 있습니다.

장기 목표는 더 오랜 시간에 걸쳐 달성해야 하는 목표들로, 인생에서 큰 변화를 이루기 위해, 필요한 재정적 계획입니다. 예를 들어, 주택 구매를 위해 몇 년 동안 저축하거나, 자녀의 대학 학자금을 마련하기 위해 꾸준히 돈을 모으는 것이 장기 목표에 해당합니다. 은퇴 자금을 마련하는 것도 중요한 장기 목표 중 하나입니다. 장기 목표는 달성까지 시간이 오래 걸리기 때문에, 꾸준한 계획과 인내가 필요합니다. 이를 위해 매달 혹은 매년 일정 금액을 저축하거나 투자하는 습관을 들이는 것이 중요합니다.

단기 목표와 장기 목표를 모두 설정하고, 이를 균형 있게 관리하는 것이 필요합니다. 단기 목표는 일상적인 지출 관리와 작은 성취감을 제공하며, 장기 목표는 미래의 큰 목표를 향해 나아가게 합니다. 예를 들어, 단기적으로 빚을 모두 갚는 목표를 달성한 후, 그 돈을 장기적으로 투자나 저축에 활용할 수 있습니다. 이를 통해 현재와 미래를 모두 고려한 균형 잡힌 재정 관리를 할 수 있습니다.

목표 설정 시, **SMART 원칙**을 적용하는 것도 도움이 됩니다. 목표가 구체적(Specific), 측정 가능(Measurable), 달성 가능(Achievable), 관련성 있는(Relevant), 시간제한이 있는(Time-bound)지 확인하는 것입니다. 이 원칙을 따르면 목표 달성 가능성이 높아지고, 계획에 대한 명확한 지침이 생깁니다.

결국, 단기 및 장기 목표를 설정하고, 이를 체계적으로 관리하는 것은 개인의 재정 건강을 유지하고, 경제적 안정과 성공적인 미래를 이루는 데 필수적입니다. 지금부터라도 작은 단기 목표를 설정하고, 점차 장기 목표로 확장해 나가는 것이 중요합니다.

단기 및 장기목표

구분	단기 목표	장기 목표
정의	1년 이내에 달성할 수 있는 목표	1년 이상, 오랜 시간에 걸쳐 달성해야 하는 목표
예시	긴급 자금 마련 빚 상환 휴가 자금 마련	주택 구입 자금 마련 은퇴 자금 마련 자녀 교육 자금 마련
목표 설정의 특징	구체적이고 측정 가능해야 함 달성 기간이 명확하게 설정되어야 함	꾸준한 계획과 인내가 필요함 장기적인 계획이 요구됨
목표의 이점	즉각적인 필요를 충족시키고 성취감을 제공 일상적인 지출 관리에 도움을 줌	미래의 큰 재정 목표를 달성하는 데 기여 경제적 안정과 성공적인 미래를 준비함
예산 관리	적은 금액으로 시작해 점차 확장 가능	매달 혹은 매년 일정 금액 저축 및 투자 필요

4장

경제 변화와 가계 대응

경제 변화가 가계에 미치는 영향을 설명합니다. 특히, 물가와 인플레이션이 가계 재정에 미치는 영향을 분석하고, 세금이 가계 경제에 어떤 부담을 주는지 다룹니다.

또한, 경제 변화에 따른 가계의 적응 전략을 제시하며, 개인이 이러한 변화에 어떻게 대응할 수 있는지를 구체적으로 설명합니다. 이를 통해 가계의 재정 안정성을 유지하고, 경제적 변화에 효과적으로 대처하는 방법을 배울 수 있습니다.

물가와 인플레이션 이해하기

물가와 인플레이션은 경제에서 매우 중요한 개념입니다. 물가는 상품과 서비스의 가격 수준을 의미하며, 인플레이션은 시간이 지남에 따라 물가가 지속적으로 상승하는 현상을 말합니다. 인플레이션이 발생하면 같은 돈으로 살 수 있는 물건이 줄어들어 구매력이 감소하게 됩니다. 이는 가계의 생활비를 증가시키고, 재정 계획에 영향을 미칠 수 있습니다. 물가와 인플레이션을 이해하는 것은 개인이 경제 변화에 적절히 대응하고 재정적인 결정을 내리는 데 도움이 됩니다. 특히, 저축과 투자 전략을 세울 때 중요한 고려 사항이 됩니다.

물가와 인플레이션은 우리가 매일 경험하는 경제적 여건에 깊은 영향을 미칩니다. 물가는 우리가 구매하는 상품과 서비스의 가격 수준을 나타내며, 예를 들어 식료품, 의류, 주거비용 등이 모두 물가에 포함됩니다. 물가는 경제 전반의 수요와 공급, 생산비용, 환율 변동 등 다양한 요인에 의해 영향을 받습니다. 물가가 오르면 생활비가 증가하게 되며, 이는 가계의 경제적 부담을 늘리게 됩니다.

인플레이션은 이러한 물가가 지속적으로 상승하는 현상을 의미합니다. 인플레이션이 발생하면 시간이 지남에 따라 돈의 가치가 떨어지게 되는데, 이는 같은 금액으로 이전에 살 수 있던 것보다 적은 양의 상품이나 서비스를 구매할 수 있음을 의미합니다. 예를 들어, 10년 전에는 1,000원으로 살 수 있었던 물건이 지금은 2,000원이 되어야 살 수 있다면, 이는 인플레이션의 결과입니다.

인플레이션이 가계 경제에 미치는 영향을 조금 더 자세히 설명해 드리겠습니다.

1. 생활비의 증가

인플레이션이 발생하면 상품과 서비스의 전반적인 가격이 상승합니다. 이는 가계가 일상적으로 지출하는 비용이 증가함을 의미합니다. 예를 들어, 식료품의 경우, 채소, 과일, 육류 등의 가격이 인플레이션으로 인해 상승할 수 있습니다. 과거에 10,000원으로 살 수 있었던 식료품을 이제는 12,000원이나 13,000원을 지급해야 하는 상황이 생기는 것이죠. 주거비 역시 상승할 수 있습니다. 특히 임대료는 인플레이션의 영향을 직접적으로 받는 경우가 많습니다.

매년 계약 갱신 시 임대료가 인상될 수 있으며, 이는 가계의 전체 예산에서 주거비가 차지하는 비중을 더 크게 만듭니다. 교통비도 증가할 수 있습니다. 기름값이나 대중교통 요금이 인플레이션 때문에 오르면, 출퇴근이나 일상적인 이동 비용이 늘어나게 됩니다. 이러한 생활비의 전반적인 증가는 가계 예산을 압박하고, 다른 필요한 지출을 줄이게 만들 수 있습니다.

2. 저축의 가치 감소

인플레이션은 저축의 실질 가치를 감소시킵니다. 예를 들어, 현재 100만 원을 은행에 예금해 두었다고 가정해 봅시다. 만약 연간 인플레이션율이 2%라면, 1년 후에 이 100만 원의 구매력은 약 98만 원이 됩니다. 즉, 같은 돈으로 살 수 있는 물건의 양이 줄어들게 되는 것이죠. 은행에서 이자를 받을 수 있더라도, 이자율이 인플레이션율보다 낮다면 저축한 돈의 실제 가치는 감소하게 됩니다. 예를 들어, 이자율이 1%인데 인플레이션율이 2%라면, 실질적으로는 돈의 가치가 1% 줄어든 셈이 됩니다. 따라서 인플레이션이 높아질수록 단순히 돈을 저축하는 것만으로는 미래의 경제적 안정을 보장하기 어려워집니다. 이런 이유로 인플레이션 환경에서는 저축만으로는 자산을 지키기 어려우며, 투자나 인플레이션에 강한 자산으로 자산을 분산하는 것이 필요합니다.

3. 대출 상환 부담의 경감

인플레이션은 고정 금리로 대출을 받은 사람들에게는 유리한 상황이 될 수 있습니다. 고정 금리 대출이란, 대출 기간 동안 금리가 변하지 않고 일정하게 유지되는 대출 방식입니다. 인플레이션이 발생하면 시간이 지남에 따라 돈의 가치가 떨어지기 때문에, 과거에 빌린 금액을 현재 낮아진 가치로 상환하게 되는 효과가 나타납니다. 예를 들어, 5년 전에 1억 원을 고정 금리로 대출받아 매달 일정 금액을 갚고 있다면, 인플레이션이 진행되는 동안 실질적으로 갚는 돈의 가치가 줄어드는 것입니다. 쉽게 말해, 대출을 받을 때는 1억 원이 큰 금액이었지만, 인플레이션으로 인해 현재의 1억 원은 예전만큼의 구매력을 가지지 않게 됩니다. 그래서 동일한 금액을 상환하더라도 실제로 갚는 부담은 줄어들게 됩니다. 이러한 이유로 인플레이션 시기에는 고정 금리 대출을 이용하는 것이 변동 금리 대출보다 유리할 수 있습니다. 변동 금리 대출의 경우, 금리가 상승할 가능성이 있어 상환 부담이 증가할 수 있기 때문입니다.

가계가 인플레이션에 대응하기 위해서는 먼저 예산을 재검토하고, 필요에 따라 생활비를 조정해야 합니다. 물가 상승에 대비하여 비상금을 마련하거나, 자산을 인플레이션을 방어할 수 있는 투자 상품에 배분하는 것도 고려할 수 있습니다. 예를 들어, 주식이나 부동산, 물가연동채권(TIPS) 등이 인플레이션 대비 투자 상품으로 유용할 수 있습니다. 또한, 고정금리 대출을 이용하는 것도 인플레이션에 대한 보호 수단이 될 수 있습니다.

물가와 인플레이션에 대한 이해는 경제적 안정과 재정 관리에 매우 중요합니다. 물가와 인플레이션의 기본 개념을 이해하고, 이를 바탕으로 가계의 재정 전략을 세워나가는 것이 필요합니다.

세금이 가계에 미치는 영향

세금은 가계 재정에 큰 영향을 미치는 중요한 요소입니다. 세금은 소득, 소비, 자산 등 다양한 영역에서 부과되며, 가계의 순수입을 줄이고 소비 가능 금액을 감소시킬 수 있습니다. 소득세는 개인의 월급에서 일정 비율로 공제되며, 부가가치세는 우리가 구매하는 대부분의 상품과 서비스에 추가로 부과됩니다. 재산세나 자동차세와 같은 세금도 자산 소유에 따라 지속적으로 발생합니다. 세금의 종류와 납부 방법을 이해하는 것은 재정 계획을 세우는 데 매우 중요합니다. 이를 통해 가계의 세금 부담을 줄이고, 절세 전략을 활용할 수 있습니다.

세금은 국가나 지방 자치 단체가 공공서비스를 제공하기 위해 개인이나 기업으로부터 징수하는 금액입니다. 세금은 우리 생활의 다양한 측면에서 부과되며, 그 결과 가계 재정에 상당한 영향을 미칩니다. 가장 일반적인 세금 중 하나는 소득세입니다. **소득세**는 직장인이 받는 월급이나 기타 소득에서 일정 비율로 공제됩니다. 예를 들어, 매월 300만 원을 버는 사람이 있다면, 소득세를 공제하고 나면 실제로 사용할 수 있는 금액은 더 적어지게 됩니다. 이러한 소득세는 개인의 총수입에서 상당한 부분을 차지할 수 있기 때문에, 소득세가 얼마나 되는지, 이를 어떻게 줄일 수 있는지 이해하는 것이 중요합니다.

부가가치세(VAT)는 우리가 일상에서 구매하는 대부분의 상품과 서비스에 추가로 부과되는 세금입니다. 예를 들어, 1만 원짜리 상품을 구매할 때 실제 지급해야 하는 금액은 부가가치세를 포함해 1만 1천 원이 될 수 있습니다. 부가가치세는 눈에 보이지 않게 지출을 증가시키기 때문에, 물건을 살 때마다 자연스럽게 지급하게 됩니다. 이러한 세금은 특히 가계의 소비 습관에 영향을 미칠 수 있습니다. 만약 가계의 소비가 많아지면, 그만큼 부가가치세로 나가는 금액도 커지기 때문에, 소비를 조절하는 것이 중요합니다.

재산세는 주택, 토지, 자동차 등 자산을 소유한 사람에게 부과되는 세금입니다. 예를 들어, 주택을 소유하고 있다면 매년 그 주택의 가치에 따라 재산세를 내야 합니다. 또한, 자동차를 소유하고 있는 경우에도 매년 자동차세를 내야 합니다. 이러한 세금은 자산을 소유하면 발생하는 지속적인 비용으로, 가계 예산에 큰 영향을 미칩니다. 따라서 자산을 소유하기 전에 그 자산이 발생시키는 세금

부담을 고려하는 것이 필요합니다.

세금은 가계의 순수입을 줄이고, 소비 가능 금액을 감소시킵니다. 이 때문에 가계의 재정 계획을 세울 때, 세금이 어떻게 영향을 미치는지 이해하는 것이 중요합니다. 예를 들어, 연말정산을 통해 소득세를 환급받을 방법을 알아두거나, 부가가치세가 낮은 상품을 선택하는 전략을 세울 수 있습니다. 또한, 주택이나 자동차를 살 때는 해당 자산이 매년 발생시키는 세금을 고려해 구매 결정을 내리는 것이 중요합니다.

세금은 가계의 재정 상태에 직접적인 영향을 미치는 중요한 요소입니다. 세금에 대한 이해를 높이고, 이를 바탕으로 절세 전략을 세우는 것이 가계 재정 관리에 큰 도움이 될 것입니다.

경제 변화에 대한 적응 전략

··

경제 변화에 대한 적응 전략은 불확실한 경제 환경에서 가계 재정을 안정적으로 유지하기 위해 필요한 방법입니다. 경제는 끊임없이 변화하며, 물가 상승, 금리 변동, 실업률 변화 등 다양한 요인들이 가계에 영향을 미칠 수 있습니다. 이러한 변화에 대비하기 위해서는 유연한 예산 관리, 비상금 마련, 투자 포트폴리오의 다각화 등이 필요합니다. 또한, 자신의 재정 상황을 지속적으로 모니터링하고, 필요할 때 즉각적으로 대응하는 것이 중요합니다. 이처럼 적응 전략을 세우면 경제 변동성에 대한 위험을 최소화하고, 장기적인 재정 목표를 달성할 수 있습니다.

경제는 항상 변화하고 있으며, 이러한 변화는 가계의 재정에 직접적인 영향을 미칩니다. 예를 들어, 물가 상승(인플레이션)은 생활비를 증가시키고, 금리 변동은 대출 이자와 저축 이자에 영향을 미칩니다. 또한, 실업률의 변화는 가계 소득의 안정성을 위협할 수 있습니다. 따라서 경제 변화에 적절히 대응하는 전략을 세우는 것은 가계 재정을 건강하게 유지하는 데 필수적입니다.

1. 유연한 예산 관리

경제 상황은 예측하기 어려운 경우가 많습니다. 물가 상승, 금리 인상, 실업률 변화 등 다양한 경제적 요인들이 가계 재정에 영향을 미칠 수 있습니다. 이러한 변화에 대비하기 위해서는 유연한 예산 관리가 필요합니다. 예산을 고정된 틀에 맞추기보다는 상황에 따라 조정할 수 있어야 합니다. 예를 들어, 물가가 상승하면 식료품, 주거비, 교통비 등 필수 지출 항목에 대한 예산을 늘려야 할 수도 있습니다. 반면, 외식, 여가 활동, 비필수 쇼핑 등 선택적 지출은 줄일 필요가 있습니다. 이렇게 하면 경제 변화에도 불구하고 기본적인 생활을 유지할 수 있습니다. 또한, 예산 조정 시에는 우선순위를 명확히 설정하는 것이 중요합니다. 예를 들어, 건강이나 교육과 같은 중요한 지출은 최우선으로 고려해야 합니다. 이처럼 유연한 예산 관리는 경제적 불확실성 속에서도 안정된 가계 운영을 가능하게 합니다.

2. 비상금 마련

비상금은 경제적 불안정 시기에 가계가 큰 타격을 받지 않도록 해주는 안전망 역할을 합니다. 예기치 못한 상황, 예를 들어 갑작스러운 실직이나 의료비 증가와 같은 때를 대비할 수 있도록 비상금을 마련하는 것이 중요합니다. 일반적으로 3~6개월 치 생활비를 비상금으로 준비하는 것을 권장합니다. 이 비상금은 쉽게 찾을 수 있는 형태로 보관하는 것이 중요합니다. 예를 들어, 수시 입출금이 가능한 계좌나 단기 금융상품에 비상금을 예치해 두는 것이 좋습니다. 이렇게 하면 갑작스러운 경제적 충격에도 즉각적으로 대응할 수 있습니다. 비상금은 심리적인 안정을 주기도 하며, 예기치 못한 상황에서 급히 대출을 받거나 자산을 처분해야 하는 상황을 예방할 수 있습니다.

3. 투자 포트폴리오의 다각화

경제 변화는 특정 자산군에 큰 영향을 미칠 수 있습니다. 예를 들어, 금리가 상승하면 채권의 가치가 하락할 수 있고, 주식시장의 변동성도 커질 수 있습니다. 이러한 상황에 대비하기 위해 투자 포트폴리오의 다각화가 필요합니다. 포트폴리오를 다각화하면, 한 자산군의 손실을 다른 자산군의 수익으로 상쇄할 수 있습니다. 예를 들어, 주식과 채권, 부동산, 금과 같은 다양한 자산에 분산 투자하는 것이 좋습니다. 이렇게 하면 한 자산군이 하락하더라도 전체 포트폴리오의 리스크를 줄일 수 있습니다. 또한, 해외 자산에도 투자하면 국내 경제 변화에 덜 민감한 포트폴리오를 구성할 수 있습니다. 다각화된 포트폴리오는 장기적으로 더 안정적인 수익을 제공할 가능성이 높습니다.

4. 재정 상황 모니터링

자신의 재정 상황을 지속적으로 모니터링하는 습관은 경제 변화에 빠르게 대응할 수 있는 능력을 키워줍니다. 월별로 지출과 수입을 점검하고, 이를 기록으로 남겨 경제 변화에 따른 가계의 영향을 분석해 보세요. 예를 들어, 특정 월에 식료품비가 급증했다면, 물가 상승이나 소비 패턴의 변화가 원인일 수 있습니다. 이러한 데이터를 바탕으로 필요할 때 즉각적으로 예산을 조정하거나, 재정 계획을 수정하는 것이 중요합니다. 또한, 매년 자신의 자산과 부채 상황을 점검하고, 목표에 맞게 조정해 나가는 것도 필요합니다. 이러한 습관은 작은 변화에도 민감하게 대응할 수 있도록 하며, 장기적으로 재정적 건강을 유지하는 데 큰 도움이 됩니다.

5. 재정 교육과 경제 뉴스 활용

경제 변화에 대한 이해를 높이는 것도 중요한 전략입니다. 경제 뉴스를 주기적으로 확인하고, 재정 관련 지식을 지속적으로 쌓아 나가는 것은 경제 변화에 능동적으로 대응할 힘을 길러줍니다. 예를 들어, 금리 인상이 대출과 저축에 미치는 영향이나, 인플레이션이 자산 가치에 미치는 영향을 이해하면, 더 나은 재정 결정을 내릴 수 있습니다. 또한, 세금 변화나 정부의 경제 정책에 대한 정보를 숙지하면, 절세 전략을 세우는 데도 도움이 됩니다. 재정 교육은 책, 온라인 강좌, 세미나 등을 통해 이루어질 수 있으며, 이러한 지식은 경제 변동성에 대비해 보다 전략적인 재정 관리를 가능하게 합니다.

6. 재정적 유연성을 위한 지속적인 스킬 업그레이드

경제 변화에 대응하기 위해 개인이 갖추어야 할 또 다른 중요한 전략은 지속적인 스킬 업그레이드입니다. 경제 불황기나 특정 산업의 침체는 일자리를 위협할 수 있습니다. 따라서, 새로운 기술을 배우거나 현재의 직업 스킬을 업그레이드하여 경제 변화에 대비하는 것이 중요합니다. 예를 들어, 디지털화가 진행됨에 따라 IT 관련 기술을 습득하거나, 다양한 산업에서 수요가 높은 기술을 배워두면, 경제적 불확실성 속에서도 직업 안전성을 유지할 수 있습니다. 또한, 온라인 강의나 직업 훈련 프로그램을 통해 새로운 기술을 습득하거나 자격증을 취득하는 것도 도움이 됩니다. 지속적인 자기 개발은 일자리 시장에서의 경쟁력을 높이고, 예기치 않은 경제 변화에도 유연하게 대응할 수 있게 합니다.

7. 정부 지원 프로그램 활용

경제 변화에 대응하는 또 하나의 중요한 전략은 정부 지원 프로그램을 적절히 활용하는 것입니다. 경제 상황이 악화될 때 정부는 다양한 지원 프로그램을 통해 가계의 재정 부담을 덜어주려고 합니다. 이러한 프로그램에는 실업급여, 긴급 구제 대출, 세금 감면, 보조금 등이 포함될 수 있습니다. 예를 들어, 실직하거나 소득이 감소했을 때 실업급여를 신청함으로써 경제적 타격을 완화할 수 있습니다. 또한, 중소기업이나 자영업자의 경우, 정부의 금융 지원 프로그램을 통해 자금을 확보하거나 세금 혜택을 받을 수 있습니다. 정부의 경제 정책과 지원 프로그램에 대한 정보를 지속적으로 업데이트하고, 필요한 경우 적시에 신청하는 것이 중요합니다. 이를 통해 경제적 충격을 최소화하고, 보다 안정적인 재정 상태를 유지할 수 있습니다.

이러한 전략들을 통해 경제 변화에 더 유연하게 대응할 수 있으며, 장기적인 재정 목표를 안전하게 달성할 수 있습니다. 경제 환경이 변화할 때마다 이러한 전략들을 적절히 활용하면, 재정적으로 안정된 생활을 유지할 수 있을 것입니다.

PART 4

돈의 흐름과 관리

5장

금융의 이해

금융의 기본 개념과 역할을 설명합니다. 금융이 개인과 기업의 자금 조달, 투자, 위험 관리에 어떻게 기여하는지 다루며, 은행과 금융기관의 주요 기능을 분석합니다.

대출과 저축의 기본 개념을 설명하고, 이러한 금융 상품들이 개인의 재정 계획과 목표 달성에 어떻게 활용될 수 있는지 설명합니다. 이를 통해 금융 시스템의 작동 원리를 이해하고, 이를 바탕으로 더 나은 금융 결정을 내리는 데 도움을 줍니다.

금융의 정의와 역할

금융이란 자금의 흐름을 관리하고, 돈을 효율적으로 운용하는 활동을 말합니다. 금융은 개인이나 기업이 돈을 빌리거나 빌려주고, 투자하거나 저축하는 과정에서 중요한 역할을 합니다. 금융 시스템은 은행, 투자기관, 보험회사 등 다양한 금융기관으로 구성되며, 이들은 자금을 효율적으로 배분하고 경제 전반의 자금 순환을 돕습니다. 금융은 경제 성장과 개인 재정 관리에 중요한 역할을 하며, 올바른 금융 지식은 재정적 안정과 성공적인 자산 관리를 위한 필수 요소입니다. 금융의 기본 개념을 이해하면, 돈을 더 효율적으로 관리하고 미래를 대비할 수 있습니다.

금융은 경제의 핵심적인 부분으로, 개인, 기업, 정부 등이 자금을 조달하고 관리하는 모든 활동을 포괄합니다. 금융의 정의를 이해하려면 먼저 돈의 흐름이 어떻게 이루어지는지를 살펴보아야 합니다. 금융은 단순히 돈을 빌리고 빌려주는 것 이상의 개념으로, 자금을 어디에 어떻게 배분할지 결정하는 과정입니다. 예를 들어, 개인이 은행에서 돈을 빌리면, 이 돈은 주택을 구매하거나 사업을 시작하는 데 사용될 수 있습니다. 동시에, 은행은 이 자금을 다시 대출해 주거나, 투자하여 이익을 창출하게 됩니다. 이러한 과정이 금융 시스템 안에서 반복되며, 돈이 효율적으로 사용되고 경제가 활성화됩니다.

금융의 역할은 개인과 기업, 나아가 경제 전체에 매우 큰 영향을 미칩니다. 각 역할에 대해 좀 더 자세히 설명해 드리겠습니다.

1. 자금의 중개 역할

금융은 자금을 필요로 하는 사람과 자금을 제공할 수 있는 사람 사이에서 중개자 역할을 합니다. 은행이나 투자기관 같은 금융기관들은 자금을 필요한 곳에 배분하는 역할을 맡고 있습니다. 예를 들어, 개인이 은행에 돈을 저축하면, 은행은 이 자금을 모아 다른 사람이나 기업에 대출해 줍니다. 이 과정에서 저축을 한 사람은 이자를 받게 되고, 대출을 받은 사람이나 기업은 필요한 자금을 활용해 사업을 확장하거나 개인적인 필요를 충족시킬 수 있습니다. 이러한 자금의 흐름은 경제를 활성화하고, 자원을 효율적으로 배분하는 데 중요한 역할을 합니다.

또한, 투자기관들은 투자자들로부터 자금을 모아 다양한 프로젝트나 기업에 투자합니다. 예를 들어, 펀드나 주식에 투자하는 사람들은 자신의 돈을 금융기관에 맡기고, 금융기관은 이 자금을 통해 다양한 기업에 투자합니다. 이에 따라 기업은 필요한 자금을 확보하고, 새로운 사업을 추진하거나 연구개발을 통해 혁신을 일으킬 수 있습니다. 이러한 자금 중개 기능은 경제 전체의 성장과 발전에 필수적입니다.

2. 위험 관리

금융은 개인과 기업이 직면할 수 있는 다양한 위험을 관리하는 데 중요한 도구를 제공합니다. 예를 들어, 보험은 예상치 못한 사고나 질병, 재난 등으로 인한 재정적 손실을 줄여줍니다. 건강 보험은 의료비라는 큰 경제적 부담을 줄여주며, 병원비나 치료비를 지원받을 수 있도록 도와줍니다. 주택 보험은 화재, 도난, 자연재해 등으로 인한 집의 손상을 보호해 줍니다. 이를 통해 개인은 경제적 리스크를 줄이고, 안정된 생활을 유지할 수 있습니다.

기업도 금융을 통해 다양한 위험을 관리할 수 있습니다. 예를 들어, 파생상품은 환율 변동, 금리 변동 등으로 인한 손실을 줄이는 데 사용될 수 있습니다. 기업은 파생상품을 통해 미래의 리스크를 미리 대비하고, 불확실성 속에서도 안정적인 경영을 이어갈 수 있습니다. 이러한 위험 관리 기능은 개인과 기업이 예상치 못한 경제적 충격에 대응할 수 있도록 도와줍니다.

3. 경제 성장 촉진

금융은 경제 성장을 촉진하는 중요한 역할을 합니다. 금융기관이 기업에 대출을 해주거나 투자 자금을 제공하면, 기업은 이 자금을 활용해 사업을 확장하고, 새로운 제품을 개발하며, 더 많은 사람들을 고용할 수 있습니다. 예를 들어, 한 기업이 금융기관으로부터 대출을 받아 공장을 새로 짓는다면, 이에 따라 일자리가 창출되고, 생산량이 늘어나며, 지역 경제가 활성화될 수 있습니다.

또한, 금융은 창업을 지원하여 혁신을 촉진합니다. 신생 기업이나 스타트업은 금융기관으로부터 투자 자금을 유치하여 새로운 아이디어를 실현하고, 시장에 진출할 수 있습니다. 이 과정에서 새로운 기술과 제품이 등장하고, 이는 경제 전반의 생산성을 높이는 데 이바지합니다. 이러한 금융의 역할은 경제 성장의 중요한 원동력 중 하나입니다.

4. 개인 재정 관리 도구 제공

금융은 개인이 자신의 재정을 효율적으로 관리할 수 있도록 다양한 도구를 제공합니다. 저축 계좌나 예금은 개인이 돈을 안전하게 보관하고, 이자를 통해 자산을 불릴 방법을 제공합니다. 이러한 금융 상품을 활용하면, 개인은 미래를 대비하고, 긴급 상황에 대비한 자금을 마련할 수 있습니다.

투자 상품도 개인 재정 관리에 중요한 역할을 합니다. 주식, 채권, 펀드와 같은 투자 상품은 자산을 증대시키는 수단으로, 장기적으로 재정적 목표를 달성하는 데 도움을 줍니다. 예를 들어, 젊은 직장인은 장기적인 재정 계획을 세우고, 연금 상품에 투자하여 은퇴 이후의 생활을 준비할 수 있습니다.

또한, 금융은 대출을 통해 개인이 필요한 자금을 확보할 방법을 제공합니다. 주택 구매, 자동차 구매, 학자금 대출 등은 개인이 중요한 목표를 달성하는 데 필요한 자금을 마련할 수 있도록 도와줍니다. 대출을 통해 개인은 큰 금액을 일시에 지출하지 않고, 장기적으로 나눠 갚으면서 재정적 목표를 달성할 수 있습니다.

금융 시스템의 구성 요소에는 은행, 투자기관, 보험회사, 정부 기관 등이 있습니다. 이들은 각각의 역할을 통해 자금을 효과적으로 배분하고, 경제적 안정성을 유지하는 데 이바지합니다. 예를 들어, 중앙은행은 통화 정책을 통해 경제의 돈의 양과 금리를 조절하며, 상업은행은 개인과 기업에 대출을 제공하여 경제 활동을 지원합니다. 투자기관은 자금을 모아 다양한 프로젝트나 기업에 투자하여 수익을 창출하고, 보험회사는 위험을 분산하여 개인과 기업을 보호합니다.

금융의 기본 개념을 이해하면, 개인은 자신의 돈을 더 잘 관리하고, 재정적 목표를 달성할 수 있는 전략을 세울 수 있습니다. 예를 들어, 저축과 투자의 차이를 이해하고, 적절한 금융 상품을 선택하면, 돈을 안전하게 지키고 동시에 자산을 증대시킬 수 있습니다. 또한, 대출의 개념과 이자율의 중요성을 이해하면, 부채를 효율적으로 관리하고, 장기적인 재정 계획을 세우는 데 도움이 됩니다.

결국, 금융의 이해는 경제적 안정과 성공을 위해 필수적입니다. 금융의 기본 개념을 잘 이해하고, 이를 바탕으로 자신의 재정을 관리하는 법을 익히는 것이 중요합니다.

은행과 금융기관의 기능

은행과 금융기관은 자금의 흐름을 원활하게 하고 경제를 활성화하는 중요한 역할을 합니다. 은행은 예금, 대출, 송금 등의 서비스를 제공하며, 개인과 기업이 필요로 하는 자금을 관리하고 공급합니다. 금융기관은 자금을 투자하거나 보험을 통해 위험을 관리하는 데 도움을 줍니다. 이들은 경제 전반의 자금 순환을 촉진하며, 개인의 재정적 필요를 충족시키고 경제 성장에 이바지합니다. 은행과 금융기관의 기능을 이해하면, 보다 효과적으로 자산을 관리하고, 재정적 결정을 내리는 데 도움이 됩니다. 이들은 또한 금융 안정성을 유지하고, 예기치 못한 경제적 위기에 대응하는 데 중요한 역할을 합니다.

은행과 금융기관은 현대 경제에서 매우 중요한 기능을 수행합니다. 이들은 돈이 필요한 곳에 자금을 공급하고, 경제 전반의 자금

흐름을 관리하며, 개인과 기업의 재정적 필요를 충족시키는 다양한 서비스를 제공합니다.

1. 은행의 주요 기능

은행은 예금과 대출의 중심에 있습니다. 개인이나 기업이 은행에 돈을 예금하면, 은행은 이 자금을 활용하여 다른 고객에게 대출을 제공합니다. 예금자는 은행에 돈을 맡기면서 이자를 받고, 대출자는 은행에서 돈을 빌려 필요한 자금을 마련합니다. 이러한 예금과 대출 활동은 자금의 효율적인 배분을 가능하게 하며, 경제 활동을 활성화합니다.

또한, 은행은 송금 서비스를 통해 개인과 기업이 자금을 안전하게, 이전할 수 있도록 돕습니다. 예를 들어, 월급을 은행 계좌로 받아 생활비를 다른 계좌로 송금하거나, 해외로 돈을 보내는 등의 일상적인 금융 거래는 모두 은행의 송금 서비스를 통해 이루어집니다. 이 외에도 은행은 신용카드 발급, 외환 거래, 투자 상품 제공 등의 다양한 서비스를 통해 개인과 기업의 재정적 필요를 지원합니다.

은행은 신용 창출 기능도 가지고 있습니다. 대출을 통해 신용을 창출하고, 이를 바탕으로 경제 활동이 활발해집니다. 예를 들어, 한 기업이 은행에서 대출을 받아 신제품을 개발하고, 이를 통해 매출을 올리면, 그 기업은 대출을 상환하고 더 많은 고용을 창출할 수 있습니다. 이러한 신용 창출 과정은 경제 성장에 중요한 역할을 합니다.

2. 금융기관의 주요 기능

은행 외에도 금융기관은 자산을 투자하거나, 보험을 통해 위험을 관리하는 역할을 합니다. 투자기관, 예를 들어 증권사나 펀드 운영사는 개인과 기업의 자금을 모아 주식, 채권, 부동산 등에 투자합니다. 이를 통해 투자자들은 자산을 증대시킬 수 있으며, 경제 전반의 자본이 효율적으로 배분됩니다. 투자기관은 전문적인 지식을 바탕으로 자금을 관리하고, 투자 수익을 극대화하는 데 이바지합니다.

보험회사는 개인과 기업이 직면할 수 있는 다양한 위험을 관리하는 데 도움을 줍니다. 예를 들어, 건강보험은 예상치 못한 의료비 부담을 줄여주며, 자동차 보험은 교통사고로 인한 재정적 손실을 보상합니다. 보험상품은 다양한 종류가 있으며, 이를 통해 개인과 기업은 자신이 감당하기 어려운 위험을 대비할 수 있습니다. 보험회사는 위험을 분산시켜, 큰 재정적 손실을 막아주고 경제의 안정성을 유지하는 데 이바지합니다.

3. 금융 안정성과 경제 성장

은행과 금융기관은 경제의 안정성을 유지하는 데도 중요한 역할을 합니다. 예를 들어, 중앙은행은 은행 시스템을 감독하고, 통화 정책을 통해 경제의 돈의 양과 금리를 조절합니다. 이는 인플레이션을 통제하고, 경제 성장률을 안정적으로 유지하는 데 필수적입니다. 또한, 금융기관들은 예기치 못한 경제적 위기에 대응할 수 있는 방어 체계를 제공합니다. 예를 들어, 금융기관들은 다양한 금융 상품을 통해 자산을 보호하고, 위기 시에도 재정적 충격을 완화할 수 있도록 도와줍니다.

4. 개인과 기업의 재정 관리

은행과 금융기관을 잘 활용하면 개인과 기업은 더 효율적으로 재정을 관리할 수 있습니다. 예를 들어, 개인은 은행의 저축 상품을 통해 자산을 안전하게 보관하고, 이자를 받을 수 있습니다. 또한, 대출을 통해 주택을 구매하거나, 사업을 시작하는 자금을 마련할 수 있습니다. 기업은 금융기관을 통해 필요한 자금을 조달하고, 투자 기회를 얻어 성장할 수 있습니다.

결국, 은행과 금융기관의 기능을 잘 이해하고 활용하는 것은 경제적 안정과 성공을 위한 중요한 요소입니다. 이들은 경제의 혈액처럼 자금을 순환시켜 경제를 활성화하고, 개인과 기업이 재정적 목표를 달성하는 데 중요한 역할을 합니다.

대출과 저축의 기본

··

대출과 저축은 개인 재정 관리의 기본적인 개념입니다. 대출은 필요한 자금을 미리 빌려 사용하는 것으로, 이자는 대출 금액에 따라 추가로 지급하는 비용입니다. 저축은 현재의 돈을 은행 등에 맡겨 보관하고, 일정 기간 후에 이자를 더해 돌려받는 방식입니다. 대출은 필요한 시기에 자금을 사용할 수 있도록 해주지만, 상환 부담이 있으므로 신중한 계획이 필요합니다. 반면, 저축은 미래를 대비해 자금을 마련하는 안전한 방법입니다. 이 두 가지를 잘 이해하고 활용하면, 개인 재정 목표를 효과적으로 달성할 수 있습니다.

대출과 저축은 모두 개인 재정 관리에서 중요한 역할을 합니다. 이 두 가지는 상반된 개념이지만, 상황에 따라 적절히 활용하면 재정 목표를 달성하는 데 큰 도움이 됩니다.

1. 대출의 기본

대출은 은행이나 금융기관으로부터 필요한 자금을 미리 빌려 사용하는 것을 말합니다. 대출을 받으면 일정 기간 빌린 돈을 사용하고, 그 대가로 이자를 지급하게 됩니다. 이자는 대출 금액과 이자율, 그리고 상환 기간에 따라 달라지며, 이는 대출을 받는 사람에게 추가적인 비용이 됩니다.

대출은 주로 주택 구매, 자동차 구매, 학자금 등 큰 금액이 필요한 경우에 이용됩니다. 예를 들어, 주택을 사려는 경우, 대부분의 사람은 주택 가격의 일부만을 자신의 자금으로 충당할 수 있기 때문에 나머지 금액을 은행에서 대출받습니다. 이때, 대출을 받을 때는 자신의 상환 능력을 고려하는 것이 매우 중요합니다. 월 소득에서 대출 상환액이 차지하는 비율이 너무 높으면, 생활비나 기타 필수 지출을 충당하기 어려워질 수 있기 때문입니다.

또한, 대출에는 고정 금리와 변동 금리가 있습니다. 고정 금리 대출은 대출 기간 이자율이 변하지 않기 때문에 상환액이 일정하게 유지됩니다. 반면, 변동 금리 대출은 시장 금리에 따라 이자율이 변동할 수 있어 상환액이 달라질 수 있습니다. 대출을 받을 때는 이러한 금리 조건을 잘 이해하고, 자신의 재정 상황에 맞는 대출 상품을 선택하는 것이 중요합니다.

대출은 필요한 자금을 즉시 사용할 수 있는 장점이 있지만, 상환 부담이 뒤따르므로 신중한 계획이 필요합니다. 대출을 받기 전에 상환 계획을 세우고, 대출 상환이 재정에 미칠 영향을 충분히 고려하는 것이 중요합니다.

김 씨는 결혼을 앞두고 신혼집을 마련하기 위해 주택을 사기로 결심했습니다. 3억 원짜리 아파트를 선택했지만, 그가 모은 자금은 1억 원에 불과했습니다. 나머지 2억 원은 은행에서 대출을 받기로 하고, 고정 금리로 20년간 상환하는 대출 상품을 선택했습니다.

고정 금리 덕분에 매달 100만 원의 상환액이 일정하게 유지되며, 금리 변동에 대한 걱정을 덜 수 있었습니다. 김 씨는 매달 소득의 일정 부분을 상환에 할애하고, 나머지로 생활비를 충당하는 계획을 세웠습니다. 그러나 김 씨는 상환 부담을 충분히 고려하지 않아 예상보다 재정적으로 어려움을 겪게 되었습니다.

생활비와 기타 필수 지출을 충당하는 데 여유가 부족해지면서, 김 씨는 지출을 절제하고 생활 방식을 조정할 수밖에 없었습니다. 이 사례는 대출을 받을 때 상환 능력을 정확히 평가하고, 장기적인 재정 계획을 세우는 것이 얼마나 중요한지를 보여줍니다.

2. 저축의 기본

저축은 현재의 돈을 은행이나 금융기관에 맡겨 미래를 대비하는 방법입니다. 저축은 안전하게 자금을 보관하면서 이자를 받을 수 있는 수단입니다. 예를 들어, 매달 일정 금액을 저축하면, 이 돈은 시간이 지남에 따라 이자가 붙어 점점 더 커지게 됩니다. 저축은 주로 비상금 마련, 특정 목표(예 : 여행, 결혼 자금) 달성, 은퇴 준비 등 미래의 필요를 대비하는 데 사용됩니다.

저축의 가장 큰 장점은 안전성입니다. 은행에 돈을 예치하면 예금자 보호 제도에 따라 일정 금액까지는 안전하게 보호됩니다. 이는 특히 경제가 불안정한 시기에 중요한 역할을 합니다. 또한, 저축은 복리로 인해 시간이 지남에 따라 자산을 증대시킬 수 있습니다. 복리는 원금에 이자가 붙고, 그 이자에도 다시 이자가 붙는 구조로, 장기적으로 매우 강력한 자산 증대 효과를 발휘합니다.

저축을 효과적으로 하려면, 먼저 목표를 설정하는 것이 중요합니다. 예를 들어, 5년 후에 주택 구매를 위해 1,000만 원을 모으겠다는 구체적인 목표를 설정한 후, 이를 달성하기 위해 매달 저축할 금액을 결정하는 것입니다. 또한, 저축의 종류도 고려해야 합니다. 예를 들어, 정기예금은 일정 기간 돈을 묶어 두고 높은 이자를 받을 수 있지만, 수시 입출금 계좌는 언제든지 돈을 찾을 수 있지만 이자가 상대적으로 낮습니다.

3. 대출과 저축의 조화

대출과 저축을 잘 활용하면, 개인 재정 관리에서 안정성과 유연성을 동시에 추구할 수 있습니다. 예를 들어, 주택 구매를 위해 대출을 받을 때, 미리 저축을 통해 일정 부분의 자금을 마련하면 대출 금액을 줄일 수 있어 상환 부담을 낮출 수 있습니다. 또한, 대출 상환 계획을 세우는 동시에, 저축을 통해 비상금을 마련해 두면 예상치 못한 경제적 위기에 대비할 수 있습니다.

대출은 필요한 순간에 자금을 사용할 수 있는 강력한 도구이지만, 항상 책임감 있게 사용해야 합니다. 반면, 저축은 장기적인 재정 목표를 달성하는 안정적인 방법입니다. 이 두 가지를 균형 있게 활용하면, 단기적인 필요와 장기적인 목표를 모두 충족시킬 수 있습니다.

대출과 저축의 기본 개념을 잘 이해하고, 이를 자신의 재정 상황에 맞게 활용하는 것은 경제적 안정과 성공을 위한 필수적인 요소입니다. 이 두 가지를 적절히 활용하여 재정 목표를 효과적으로 달성하는 방법을 배우는 것이 중요합니다.

6장

개인 재정 관리

개인 재정 관리의 중요성을 강조하며, 예산 설정과 관리 방법을 설명합니다. 투자 전략과 자산 배분의 원리를 다루며, 부채 관리와 신용 점수 유지의 중요성을 분석합니다.

특히, 재정 목표를 설정하고, 이를 달성하기 위한 구체적인 전략을 제시합니다. 이러한 내용을 통해 개인이 재정적으로 안정되고, 장기적인 재정 목표를 실현할 수 있도록 돕습니다.

예산 설정과 관리
....

예산 설정과 관리는 개인 재정 관리를 효과적으로 하기 위한 기본
적인 과정입니다. 예산을 설정하면 수입과 지출을 계획적으로 관
리할 수 있으며, 재정 목표를 달성하는 데 큰 도움이 됩니다. 예산
은 매달 발생하는 고정 지출과 변동 지출을 분류하고, 저축과 투자
에 할당할 금액을 결정하는 데 중요한 역할을 합니다. 예산을 잘
관리하면 불필요한 지출을 줄이고, 자금을 효율적으로 활용할 수
있습니다. 이를 통해 재정적 안정성을 유지하고, 긴급 상황에 대비
할 수 있습니다. 예산 관리는 재정적 건강을 유지하기 위한 필수적
인 습관입니다.

　　예산 설정은 개인 재정 관리의 핵심으로, 수입과 지출을 계획적
으로 관리하는 첫 번째 단계입니다. 예산을 설정하면 매달 얼마를
벌고, 어디에 돈을 쓰고 있는지 명확하게 파악할 수 있습니다. 이

과정은 재정적 목표를 달성하기 위해 매우 중요한데, 예산을 통해 수입과 지출을 균형 있게 관리하고, 불필요한 지출을 줄이며, 저축과 투자를 통해 미래를 대비할 수 있습니다.

예산 설정의 첫 번째 단계는 수입 파악입니다. 이는 월급, 프리랜서 수입, 투자 수익 등 모든 수입원을 합산해 총수입을 계산하는 것을 의미합니다. 수입을 정확히 파악해야 이후의 지출 계획이 현실적이고 효과적일 수 있습니다. 수입을 명확히 파악한 후에는 이 수입을 어떻게 분배할지 결정하는 것이 중요합니다.

다음으로, 고정 지출과 변동 지출을 구분하여 기록합니다. 고정 지출은 매달 일정하게 나가는 비용으로, 예를 들어 월세, 대출 상환, 보험료 등이 있습니다. 이러한 고정 지출은 매달 변하지 않기 때문에, 예산을 세울 때 가장 먼저 고려해야 하는 항목입니다. 변동 지출은 매달 금액이 달라질 수 있는 비용으로, 식비, 유흥비, 쇼핑비 등이 포함됩니다. 변동 지출은 상황에 따라 조정할 수 있는 여지가 있으므로, 불필요한 부분을 줄이는 것이 중요합니다.

예를 들어, 매달 200만 원의 수입이 있다고 가정해 봅시다. 이 중 100만 원이 고정 지출로 나간다면, 나머지 100만 원을 어떻게 사용할지 계획해야 합니다. 여기서 저축과 투자를 고려하는 것이 중요한데, 매달 일정 금액을 저축하거나 투자에 할당하여 미래를 대비해야 합니다. 예를 들어, 나머지 100만 원 중 50만 원을 저축하고,

20만 원은 투자에, 나머지 30만 원을 변동 지출로 할당할 수 있습니다. 이렇게 하면 장기적인 재정 목표를 달성하는 데 필요한 기반을 마련할 수 있습니다.

예산을 설정한 후에는 지출을 지속적으로 모니터링하는 과정이 필요합니다. 매달 예산과 실제 지출을 비교하면서, 계획대로 잘 지키고 있는지 확인해야 합니다. 이를 위해 가계부를 작성하거나, 재정 관리 앱을 사용할 수 있습니다. 이러한 도구들은 수입과 지출을 쉽게 기록하고 추적할 수 있게 도와줍니다. 예를 들어, 특정 달에 식비가 예산보다 많이 나갔다면, 다음 달에는 외식 횟수를 줄이거나, 저렴한 식재료를 구매하는 등의 방법으로 지출을 조정할 수 있습니다.

또한, 예산을 관리하면서 비상금을 마련하는 것도 중요합니다. 예상치 못한 긴급 상황에 대비해 매달 일정 금액을 비상금으로 저축해 두면, 갑작스러운 지출로 인한 재정적 충격을 줄일 수 있습니다. 예산 관리의 궁극적인 목표는 재정적 안정성을 유지하면서 장기적인 목표를 달성하는 것입니다. 이를 위해서는 지속적인 모니터링과 조정이 필요하며, 이를 통해 보다 건강한 재정 상태를 유지할 수 있습니다.

마지막으로, 예산 관리는 재정적 건강을 유지하는 습관입니다. 예산을 설정하고, 이를 꾸준히 관리하는 습관을 들이면, 재정적 목표를 달성하는 데 큰 도움이 됩니다. 적은 금액부터 시작해 예산을 설정해 보고, 점차 관리 범위를 넓혀가면서 재정 관리를 개선하는 것이 중요합니다. 이를 통해 재정적 안정을 유지하고, 장기적인 재정 목표를 달성할 수 있습니다.

투자 전략 및 자산 배분

투자 전략 및 자산 배분은 재정 목표를 달성하기 위해 다양한 자산에 자금을 분산하는 방법입니다. 자산 배분은 주식, 채권, 부동산, 현금 등 여러 자산군에 투자하여 위험을 줄이고, 수익을 극대화하는 데 목적이 있습니다. 각 자산군은 서로 다른 특성이 있으며, 경제 상황에 따라 다르게 반응합니다. 적절한 투자 전략과 자산 배분은 장기적인 재정 목표를 달성하는 데 중요한 역할을 합니다. 초보자라면 자신의 재정 상황, 목표, 위험 감수 능력에 맞춰 자산 배분 전략을 세우는 것이 중요합니다. 이를 통해 안정성과 수익성을 균형 있게 추구할 수 있습니다.

투자 전략 및 자산 배분은 개인이 재정 목표를 달성하기 위해 자금을 어디에, 어떻게 투자할지 결정하는 과정입니다. 이 과정은 단순히 돈을 어디에 투자할지를 넘어서, 다양한 자산에 자금을 분산하여 투자 위험을 줄이고, 수익성을 극대화하는 것을 목표로 합니다. 각 자산군, 예를 들어 주식, 채권, 부동산, 현금 등은 서로 다른 리스크와 수익 잠재력을 가지고 있습니다.

1. 투자 전략 수립

투자 전략은 자신의 재정 목표와 투자 기간을 기준으로 자산을 어떻게 운용할지 결정하는 과정입니다. 이를 위해 먼저 재정 목표를 명확히 설정해야 합니다. 예를 들어, 은퇴 자금 마련을 목표로 한다면, 이는 장기적인 목표이므로 성장 가능성이 높은 자산에 투자하는 것이 적합할 수 있습니다. 여기에는 주식, 부동산, 또는 장기적으로 성장할 가능성이 높은 펀드가 포함됩니다. 이러한 자산은 시간이 지남에 따라 큰 수익을 기대할 수 있지만, 그만큼 변동성도 크기 때문에 장기적인 관점에서 접근해야 합니다.

반면, 단기적인 목표가 있는 경우, 예를 들어 3년 후에 주택을 구매할 계획이 있다면, 안정적인 자산에 투자하는 것이 더 적합할 수 있습니다. 채권, 예금, 단기 국채와 같은 자산은 수익률은 다소 낮을 수 있지만, 안정적이기 때문에 목표 달성에 적합합니다. 특히, 단기적으로 자금이 있어야 하는 상황에서는 자산의 유동성(필요할 때 쉽게 현금화할 수 있는 능력)도 중요한 고려 사항이 됩니다.

위험 감수 능력도 투자 전략 수립에서 중요한 요소입니다. 위험 감수 능력은 투자자가 손실 가능성을 견딜 수 있는 정도를 의미합니다. 젊고 수입이 안정적인 투자자는 대체로 위험 감수 능력이 높아, 변동성이 큰 주식에 더 큰 비중을 두는 것이 가능합니다. 반면, 은퇴를 앞두고 있거나 고정 수입이 적은 사람은 위험 감수 능력이 낮아, 안정적인 자산에 집중하는 것이 바람직할 수 있습니다.

투자 기간도 전략 수립에 큰 영향을 미칩니다. 장기 투자를 할 수 있는 경우, 시장 변동성을 충분히 견디며 시간이 지남에 따라 수익을 누적할 수 있는 주식이나 부동산에 투자하는 것이 적합할 수 있습니다. 반면, 단기 투자일 경우, 금리나 시장 변동에 민감한 자산은 피하고, 예금이나 단기 채권과 같은 안전한 자산에 집중하는 것이 바람직합니다.

2. 자산 배분

자산 배분은 다양한 자산군에 자금을 분산 투자하여 위험을 줄이고, 수익을 최적화하는 방법입니다. 자산 배분은 투자 포트폴리오의 안정성을 높이고, 특정 자산군의 변동성에 따른 리스크를 관리하는 데 중요한 역할을 합니다.

주식은 높은 성장 가능성을 가진 자산군으로, 장기적으로 큰 수익을 기대할 수 있습니다. 그러나 주식은 변동성이 크기 때문에, 단기적으로는 큰 손실을 볼 위험도 있습니다. 예를 들어, 경제 위기나 기업의 실적 부진 등으로 인해 주가가 급락할 수 있습니다. 이러한 변동성은 장기적인 시각에서 접근할 때 상쇄될 수 있지만, 단기적으로는 리스크를 동반합니다.

채권은 정부나 기업이 자금을 조달하기 위해 발행하는 부채 증서로, 주식보다 안정적이며 일정한 이자를 받을 수 있는 자산입니다. 채권은 일반적으로 변동성이 낮아, 주식과 함께 포트폴리오에 포함되면 안정성을 높이는 역할을 합니다. 특히, 주식시장이 불안정할 때 채권은 안전한 피난처 역할을 할 수 있습니다.

부동산은 장기적인 가치 상승을 기대할 수 있는 자산군으로, 물가 상승에 대한 헤지(인플레이션 보호) 역할도 할 수 있습니다. 그러나 부동산은 초기 투자비용이 많이 들고, 유동성이 낮아 필요할 때 쉽게 현금화하기 어렵다는 단점이 있습니다. 또한, 부동산 시장의 지역적 특성에 따라 가치가 크게 변동할 수 있으므로, 신중한 고려가 필요합니다.

현금이나 현금성 자산은 투자 포트폴리오에서 가장 안전한 자산으로, 유동성이 매우 높아 필요할 때 즉시 사용할 수 있습니다. 그러나 현금은 인플레이션에 의해 가치가 하락할 위험이 있으므로, 장기적으로 큰 비중을 두는 것은 바람직하지 않을 수 있습니다.

자산 배분의 핵심은 이들 자산을 적절히 조합하여, 포트폴리오의 위험을 분산시키는 것입니다. 예를 들어, 주식과 채권을 함께 보유하면, 주식시장이 하락할 때 채권에서 발생하는 이익이 손실을 상쇄할 수 있습니다. 이는 투자 포트폴리오의 안정성을 높이고, 장기적인 수익을 추구하는 데 도움이 됩니다. 또한, 자산 배분은 개인의 재정 상황, 목표, 투자 기간에 따라 다르게 적용될 수 있으며, 주기적으로 평가하고 조정하는 것이 중요합니다.

3. 주기적인 재평가

투자 전략 및 자산 배분은 한 번 설정하고 끝나는 것이 아니라, 주기적인 재평가가 필요합니다. 경제 상황, 개인의 재정 상태, 투자 목표의 변화에 따라 포트폴리오를 조정해야 합니다. 예를 들어, 은퇴가 가까워질수록 더 보수적인 자산 배분으로 전환하는 것이 일반적입니다. 이는 리스크를 줄이고, 이미 축적된 자산을 보호하는 데 중점을 두기 위함입니다.

4. 초보자를 위한 조언

초보자라면, 먼저 소액으로 시작해 다양한 자산에 투자해 보는 것이 좋습니다. 투자 경험을 쌓으면서 자신의 위험 감수 능력과 선호도를 더 잘 이해하게 됩니다. 또한, 자동화된 투자를 제공하는 로보 어드바이저 서비스나 저비용 인덱스 펀드를 이용해 쉽게 자산 배분을 시작할 수 있습니다.

투자 전략과 자산 배분은 재정적 성공을 달성하기 위한 중요한 과정입니다. 적절한 자산 배분을 통해 위험을 줄이고, 장기적인 수익을 추구할 수 있습니다.

부채 관리와 신용 점수

부채 관리와 신용 점수는 개인 재정 관리에서 매우 중요한 요소입니다. 부채 관리는 대출, 신용카드 사용 등으로 발생한 빚을 효과적으로 상환하고, 재정적 부담을 줄이는 과정입니다. 신용 점수는 개인의 신용도를 평가하는 지표로, 대출 승인 여부, 이자율 등 금융 거래에 큰 영향을 미칩니다. 부채를 적절히 관리하면 신용 점수를 유지하거나 개선할 수 있으며, 이는 미래의 금융 거래에서 유리한 조건을 얻는 데 도움이 됩니다. 초보자라면 부채를 체계적으로 관리하고, 신용 점수를 높이는 방법을 익히는 것이 중요합니다. 이를 통해 장기적인 재정 안정과 더 나은 금융 기회를 확보할 수 있습니다.

부채 관리는 개인 재정 관리에서 핵심적인 부분으로, 대출, 신용카드 빚, 학자금 대출 등 다양한 형태의 빚을 체계적으로 관리하여 재정적 부담을 줄이는 과정입니다. 부채는 가정이나 개인이 자산을 마련하거나 긴급한 자금이 필요할 때 매우 유용할 수 있지만, 관리가 제대로 이루어지지 않으면 심각한 재정적 스트레스를 초래할 수 있습니다. 따라서, 부채를 효과적으로 관리하기 위해서는 다음과 같은 구체적인 방법들을 고려해야 합니다.

1. 부채 현황 파악

부채 관리를 시작하기 위해서는 먼저 자신의 모든 부채를 명확히 파악하는 것이 중요합니다. 이는 대출이나 신용카드 빚이 얼마나 있는지, 각각의 이자율, 상환 기간, 매달 상환해야 하는 금액 등을 구체적으로 알아보는 것을 의미합니다. 이를 통해 자신의 재정 상태를 정확히 이해할 수 있으며, 어떤 부채가 가장 큰 부담이 되는지 알 수 있습니다.

2. 상환 전략 수립

부채 관리의 핵심은 상환 계획을 세우고 이를 철저히 지키는 것입니다. 일반적으로 가장 이자율이 높은 부채부터 먼저 상환하는 것이 좋은 전략입니다. 이 방법은 '고이자율 부채 우선 상환법'으로 알려져 있으며, 높은 이자율로 인해 발생하는 비용을 줄일 수 있기 때문에 장기적으로 전체 부채를 더 효율적으로 상환할 수 있습니다. 예를 들어, 신용카드 빚의 이자율이 대출 이자율보다 높은 경우, 먼저 신용카드 빚을 상환하는 것이 바람직합니다.

또한, '눈덩이 방식'이라는 또 다른 상환 전략도 고려할 수 있습니다. 이 방법은 가장 작은 부채부터 빠르게 갚아 나가는 방식으로, 작은 성취감을 통해 상환 동기를 부여하고, 점차 큰 부채로 넘어가는 방식입니다. 이는 특히 심리적으로 상환 부담이 클 때 효과적일 수 있습니다.

3. 예산 설정과 부채 상환

부채 상환을 위한 금액을 매달 할당하는 것도 필수적입니다. 이를 위해 자신의 월 소득을 분석하고, 필수 생활비를 제외한 부분을 부채 상환에 사용해야 합니다. 예산을 설정할 때는 부채 상환을 최우선으로 고려하고, 그 외의 지출은 줄이거나 조정할 필요가 있습니다. 예를 들어, 외식비, 여가비용, 비필수 쇼핑 등의 변동 지출을 줄여 부채 상환에 더 많은 자금을 할당할 수 있습니다.

4. 비상금 마련

부채 관리에서 중요한 또 다른 요소는 비상금 유지입니다. 비상금이 없으면 예기치 못한 지출로 인해 새로운 부채가 발생할 위험이 큽니다. 예를 들어, 갑작스러운 의료비나 자동차 수리비가 필요할 때 비상금이 없다면, 추가로 대출을 받거나 신용카드를 사용하게 될 수 있습니다. 따라서 최소 3~6개월 치 생활비를 비상금으로 마련해 두는 것이 좋습니다. 이는 긴급 상황에서도 재정적 안정성을 유지하고, 부채를 더 효과적으로 관리할 수 있도록 도와줍니다.

5. 새로운 부채 신중하게 고려

새로운 부채를 추가하기 전에는 신중한 고려가 필요합니다. 새로운 대출이나 신용카드를 신청하기 전에, 그 부채가 자신의 재정 상황에 미칠 영향을 자세히 분석해야 합니다. 예를 들어, 대출 상환 능력을 고려해 상환 계획을 세우고, 그 부채가 장기적으로 재정에 부담이 되지 않도록 해야 합니다. 새로운 부채는 필요할 때만 추가하는 것이 좋으며, 가능하다면 부채 없이 재정적 목표를 달성하는 방안을 모색하는 것이 바람직합니다.

6. 부채 관리의 장기적 관점

부채 관리는 단기적인 목표뿐만 아니라, 장기적인 재정 안정을 위해서도 중요합니다. 부채를 효과적으로 관리하면 신용 점수를 높일 수 있으며, 이는 미래에 더 나은 금융 조건을 얻는 데 도움이 됩니다. 예를 들어, 대출을 상환할 때마다 신용 점수가 올라가며, 이에 따라 나중에 주택을 구매하거나 사업을 시작할 때 낮은 이자율로 대출을 받을 기회를 얻을 수 있습니다.

신용 점수는 금융 생활에서 매우 중요한 역할을 합니다. 대출 승인 여부, 이자율 결정, 신용카드 한도 설정 등 다양한 금융 거래에서 신용 점수가 직접적인 영향을 미칩니다. 따라서 신용 점수를 유지하거나 높이는 것은 개인의 재정 관리에서 매우 중요한 요소입니다. 이를 위해 구체적으로 어떤 방법을 통해 신용 점수를 관리할 수 있는지 자세히 살펴보겠습니다.

1. 제때 상환하는 습관

신용 점수를 유지하고 높이는 가장 기본적이면서도 중요한 방법은 모든 대출과 신용카드 빚을 제때 상환하는 것입니다. 신용 점수의 중요한 부분은 상환 이력에 기반합니다. 제때 상환하지 않으면, 즉, 연체가 발생하면 신용 점수에 큰 타격을 줄 수 있습니다. 연체 기록은 신용 기록에 남아 있어, 장기적으로 신용 점수에 부정적인 영향을 미치며, 이는 대출 신청 시 불리한 조건을 초래할 수 있습니다.

상환 기일을 놓치지 않기 위해서는 자동 이체를 설정하거나, 상환 기일을 미리 알림으로 설정하는 등 상환 관리를 체계적으로 하는 습관을 기르는 것이 중요합니다. 예를 들어, 월급날에 맞춰 대출 상환일을 설정해 두면 매월 자동으로 상환되어 연체를 피할 수 있습니다. 또한, 신용카드의 최소 결제 금액을 설정해 두는 것도 연체를 방지하는 한 방법입니다.

2. 신용카드 한도 관리

신용카드 사용량은 신용 점수에 큰 영향을 미칩니다. 특히, 신용카드 잔액이 신용카드 한도의 30% 이상을 넘지 않도록 관리하는 것이 중요합니다. 이를 신용카드 이용률(credit utilization ratio)이라고 하며, 신용 점수의 중요한 요소 중 하나입니다. 신용카드 이용률이 높을수록, 즉 신용카드 한도를 거의 모두 사용하고 있을수록, 신용 점수는 하락할 가능성이 커집니다. 이는 금융 기관에서 해당 개인이 재정적으로 어려움을 겪고 있다고 판단할 수 있기 때문입니다.

따라서, 가능하면 신용카드 한도의 30% 이하로 유지하는 것이 바람직합니다. 예를 들어, 신용카드 한도가 500만 원이라면, 150만 원 이하로 사용하는 것이 신용 점수를 유지하는 데 도움이 됩니다. 신용카드 사용량이 많아지면, 일부 금액을 먼저 상환하여 이용률을 낮추는 방법도 고려할 수 있습니다. 또한, 여러 신용카드를 사용하는 경우, 각각의 카드 이용률을 관리하여 전체 신용카드 이용률을 낮게 유지하는 것이 좋습니다.

3. 신용 기록 주기적 확인

정기적으로 신용 기록을 확인하는 것은 자신의 재정 건강을 유지하는 데 필수적입니다. 이를 통해 자신의 신용 점수가 어떻게 변화하고 있는지 파악할 수 있으며, 특히 잘못된 정보나 사기성 거래가 발생했는지 확인하는 데 중요한 역할을 합니다. 예를 들어, 신용 기록에서 자신이 알지 못하는 대출이나 신용카드 발급 기록이 발견되면, 이는 사기성 거래일 수 있으므로 즉시 조사하고 대응해야 합니다. 신용 기록에는 실수로 잘못 기록된 정보가 있을 수 있는데, 이러한 오류를 바로잡는 것은 신용 점수를 유지하고 개선하는 데 매우 중요합니다. 연 1~2회 제공되는 무료 신용 기록 조회 서비스를 활용하면 비용 부담 없이 신용 상태를 관리할 수 있습니다. 이를 통해 대출, 신용카드 사용, 상환 내역, 연체 기록 등을 꼼꼼히 검토하고, 필요 시 신속하게 금융기관에 정정 요청을 할 수 있습니다. 이렇게 주기적으로 신용 기록을 관리하면, 장기적인 재정 안정성과 신용 점수의 상승을 기대할 수 있습니다.

4. 신용 활동의 다양성 유지

또한, 신용 점수에는 신용 활동의 다양성도 반영됩니다. 다양한 형태의 대출(예 : 주택담보 대출, 자동차 대출)이나 신용카드 사용 이력은 신용 점수에 긍정적인 영향을 미칠 수 있습니다. 이는 금융 기관이 해당 개인이 다양한 형태의 신용 거래를 관리할 수 있는 능력이 있다고 판단하기 때문입니다. 그러나, 너무 많은 신용카드나 대출을 동시에 사용하는 것은 오히려 부정적인 영향을 미칠 수 있으므로, 필요한 만큼만 신용 활동을 유지하는 것이 중요합니다.

5. 신용 기록의 길이

신용 기록의 길이도 신용 점수에 영향을 미칩니다. 신용 기록이 오래될수록, 즉 장기간에 걸쳐 좋은 상환 기록을 유지해 온 경우, 신용 점수가 높아질 가능성이 큽니다. 따라서, 신용카드를 오래 사용할수록(특히, 오래된 신용카드 계좌를 폐쇄하지 않고 유지할 경우) 신용 점수에 긍정적인 영향을 미칩니다. 하지만, 사용하지 않는 카드를 폐쇄할 필요가 있을 때는 신중하게 결정해야 합니다. 오래된 계좌를 유지함으로써 신용 기록의 길이를 늘리고, 이는 대출 신청 시 더 유리한 조건을 받을 수 있는 기회를 제공할 수 있습니다. 결과적으로, 신용 기록을 오래 유지하는 것은 재정 건강을 증명하는 중요한 방법이며, 장기적인 재정 안정성을 확보하는 데 도움이 됩니다.

6. 새로운 신용 신청 관리

마지막으로, 새로운 신용(예 : 대출 신청, 신용카드 발급) 신청을 신중하게 관리하는 것이 중요합니다. 짧은 기간에 너무 많은 신용 신청을 하게 되면, 금융기관은 해당 개인이 급하게 자금이 필요한 것으로 판단할 수 있으며, 이는 신용 점수에 부정적인 영향을 미칠 수 있습니다. 이는 특히 대출 신청이나 신용카드 발급 시 문제가 될 수 있습니다. 따라서, 새로운 신용 신청은 필요할 때에만 신중하게 진행하는 것이 좋습니다. 가능하면 과도한 신용 신청을 피하고,

필요한 경우에만 신용을 신청하는 것이 신용 점수를 유지하는 데
도움이 됩니다.

부채 관리와 신용 점수는 장기적인 재정 안정을 위한 필수적인
요소입니다. 부채를 체계적으로 관리하고, 신용 점수를 높이면 더
나은 금융 조건을 얻을 수 있으며, 미래의 재정적 기회를 확대할
수 있습니다. 이 두 가지 요소를 잘 이해하고, 올바른 관리 방법을
습득하는 것이 중요합니다. 이를 통해 안정된 재정 상태를 유지하
고, 장기적인 재정 목표를 달성할 수 있습니다.

PART 5

돈 관리와 금융 상품 활용

7장

●

돈 관리하는 법

수입과 지출 계획을 세우고, 이를 바탕으로 재정을 효과적으로
관리하는 방법을 설명합니다. 미래를 대비한 저축의 중요성과
방법을 다루며, 생활 속에서 실천할 수 있는 다양한 절약 방법
을 제시합니다.

이를 통해 개인이 재정 관리를 통해 안정적인 재정 상태를 유지
하고, 장기적인 재정 목표를 달성할 수 있도록 돕습니다.

수입과 지출 계획 세우기

·····························

수입과 지출 계획 세우기는 재정 관리를 효과적으로 하기 위한 기본 단계입니다. 수입과 지출을 체계적으로 파악하면, 돈이 어디에서 들어오고 어디로 나가는지를 명확히 이해할 수 있습니다. 이를 통해 불필요한 지출을 줄이고, 저축이나 투자에 더 많은 자금을 할당할 수 있습니다. 계획을 세울 때는 고정 수입과 변동 수입, 고정 지출과 변동 지출을 구분하여 관리하는 것이 중요합니다. 수입과 지출 계획을 잘 세우면 재정 목표를 달성하는 데 큰 도움이 됩니다. 초보자라면 적은 금액부터 시작해 꾸준히 관리하는 습관을 들이는 것이 좋습니다.

수입과 지출 계획 세우기는 개인 재정 관리를 체계적으로 하기 위한 첫 번째 단계입니다. 이 과정을 통해 자신의 재정 상태를 명확히 파악하고, 돈이 어디에서 들어오고 어디로 나가는지를 알 수 있습니다. 수입과 지출을 철저히 관리하면, 돈이 어디에서 낭비되고 있는지를 발견하고, 이를 줄일 기회를 찾을 수 있습니다. 또한, 남은 자금을 저축이나 투자에 더 많이 할당하여 장기적인 재정 목표를 달성하는 데 큰 도움이 됩니다.

1. 수입과 지출 파악

수입을 파악하는 것은 재정 관리를 시작하는 첫 단계입니다. 자신의 총수입을 정확히 파악해야만 그에 맞는 지출 계획을 세울 수 있습니다. 수입은 일반적으로 고정 수입과 변동 수입으로 나눌 수 있습니다.

- **고정 수입** : 매달 일정하게 들어오는 소득을 의미합니다. 예를 들어, 정규직 근로자가 매달 받는 월급, 연금 수령액, 정기적인 임대 수입 등이 이에 해당합니다. 고정 수입은 매달 변동 없이 같이 들어오기 때문에, 재정 계획에서 가장 먼저 고려해야 하는 항목입니다.
- **변동 수입** : 매달 금액이 변할 수 있는 수입입니다. 예를 들어, 프리랜서 수입, 보너스, 투자 수익(예 : 배당금, 주식 매매 차익), 일시적인 프로젝트 수입 등이 이에 해당합니다. 변동 수입은 예측하기 어려운 경우가 많으므로, 재정 계획을 세울 때는 고정 수입을 기반으로 하고 변동 수입은 부가적인 요소로 고려하는 것이 바람직합니다.

수입을 명확히 파악한 후, 이를 합산하여 총수입을 계산합니다. 이 총수입은 모든 지출 계획의 출발점이 됩니다. 수입이 어떻게 구성되어 있는지를 잘 이해하면, 보다 현실적인 지출 계획을 세울 수 있으며, 수입이 불규칙한 경우에도 변동성을 고려한 재정 계획을 수립할 수 있습니다.

2. 지출 분석 및 관리

지출을 관리하기 위해서는 먼저 지출이 어떤 항목으로 구성되어 있는지를 분석해야 합니다. 지출은 크게 고정 지출과 변동 지출로 나눌 수 있습니다.

- **고정 지출** : 매달 일정하게 나가는 비용으로, 지출의 큰 부분을 차지합니다. 예를 들어, 월세, 대출 상환, 보험료 등이 이에 해당합니다. 고정 지출은 예산을 세울 때 가장 먼저 고려해야 하며, 이 부분은 일반적으로 줄이기 어렵기 때문에 신중하게 관리해야 합니다.

- **변동 지출** : 매달 금액이 변할 수 있는 비용으로, 식비, 유흥비, 쇼핑비 등이 포함됩니다. 변동 지출은 생활 방식이나 소비 습관에 따라 크게 달라질 수 있습니다. 이 부분은 필요에 따라 조정할 수 있는 여지가 크기 때문에, 지출을 절감할 수 있는 가장 유연한 부분입니다.

지출을 기록하고 분석하는 방법으로는 가계부를 작성하거나, 재정 관리 앱을 사용하는 것이 효과적입니다. 이러한 도구를 사용하면 어디에서 지출이 과도하게 발생하고 있는지 쉽게 확인할 수 있습니다. 예를 들어, 매달 식비가 계획보다 많이 나가고 있다면, 외식 횟수를 줄이거나, 저렴한 식재료를 구매하는 등의 방법으로 지출을 줄일 수 있습니다.

지출 분석을 통해 불필요한 지출을 발견하고, 이를 줄이거나 없앰으로써 재정 상태를 개선할 수 있습니다. 또한, 지출 관리의 하나로 적립식 카드나 할인 쿠폰을 사용하는 등의 절약 전략을 활용하는 것도 좋습니다.

3. 예산 설정과 지출 계획

수입과 지출을 명확히 파악한 후에는 예산을 설정하고, 이를 기반으로 지출 계획을 세웁니다. 예산은 수입 내에서 모든 지출이 이루어지도록 계획하는 것이 중요합니다. 즉, 지출이 수입을 초과하지 않도록 관리해야 합니다.

예산 설정 시 각 지출 항목에 대해 일정한 금액을 할당하고, 그 범위 내에서 지출을 관리합니다. 예를 들어, 월수입이 300만 원이라면, 고정 지출에 150만 원, 변동 지출에 100만 원, 저축에 50만 원을 할당할 수 있습니다. 이렇게 하면 매달 저축과 투자를 위한 자금을 확보할 수 있으며, 예상치 못한 지출로 인해 재정적 어려움에 빠질 위험을 줄일 수 있습니다.

지출 계획을 세우는 과정에서 중요한 것은, 필요와 욕구를 구분하는 것입니다. 필요한 지출(예 : 주거비, 식비, 교통비)은 반드시 지출해야 하는 항목이지만, 욕구에 기반한 지출(예 : 고가의 쇼핑, 불필요한 구독 서비스 등)은 조정할 수 있습니다. 이 구분을 통해 필수적인 지출에 우선순위를 두고, 남은 금액을 저축과 투자에 할당하는 것이 좋습니다.

4. 지출 계획의 모니터링과 조정

예산과 지출 계획을 세운 후에는 지속적으로 모니터링하고, 필요할 때 조정하는 과정이 필요합니다. 매달 예산과 실제 지출을 비교하면서, 계획대로 잘 지키고 있는지 확인하는 것이 중요합니다. 만약 지출이 예산을 초과했거나 예상치 못한 지출이 발생한 경우, 다른 항목에서 지출을 줄여야 할 필요가 있습니다.

예를 들어, 갑작스러운 의료비로 인해 고정 지출이 늘어났다면, 변동 지출을 줄이거나 저축 계획을 잠시 조정하는 방법을 고려할 수 있습니다. 이러한 조정은 재정적인 유연성을 유지하면서도 장기적인 목표를 달성할 수 있도록 돕습니다.

또한, 비상금을 확보해 두는 것도 중요합니다. 비상금은 예상치 못한 지출로 인해 예산이 크게 틀어지는 것을 방지해 줍니다. 비상금을 마련해 두면, 예산을 크게 흔들지 않고도 예상치 못한 상황에 대처할 수 있습니다.

　수입과 지출을 꾸준히 관리하면, 재정적 안정성을 유지하면서도 장기적인 재정 목표를 달성할 수 있습니다. 처음에는 적은 금액으로 시작해 수입과 지출을 기록하고, 점차 관리 범위를 넓혀가는 것이 중요합니다.

미래 준비를 위한 저축

미래 준비를 위한 저축은 개인의 재정적 안정성과 목표 달성을 위해 필수적인 과정입니다. 저축은 예상치 못한 상황에 대비하고, 장기적인 재정 목표를 이루기 위한 자금을 마련하는 데 중요한 역할을 합니다. 미래 준비를 위한 저축은 단기적인 비상금 마련부터 장기적인 은퇴 자금까지 다양한 형태로 구성될 수 있습니다. 저축의 핵심은 꾸준히 일정 금액을 저축하는 습관을 기르는 것입니다. 초보자라면 적은 금액부터 시작해 점차 저축액을 늘려가는 것이 좋습니다. 이를 통해 재정적 스트레스를 줄이고, 더 나은 미래를 준비할 수 있습니다.

미래 준비를 위한 저축은 재정적 안정과 장기적인 목표 달성을 위해 매우 중요한 과정입니다. 저축은 단순히 돈을 모으는 것 이상의 의미가 있으며, 예상치 못한 상황에 대비하거나 장기적인 계획을 실현하는 데 필수적입니다. 미래 준비를 위한 저축은 크게 단기적 저축과 장기적 저축으로 나눌 수 있습니다.

1. 단기적 저축

단기적 저축은 주로 비상금 마련을 목표로 하며, 이는 개인이나 가정의 재정적 안정성을 유지하는 데 중요한 역할을 합니다. 비상금은 예상치 못한 상황에서 발생하는 재정적 충격을 완화해 줄 수 있는 자금입니다. 예를 들어, 갑작스러운 의료비 발생, 자동차 수리비, 실직 등 예기치 못한 일이 생길 때, 비상금이 없다면 급히 대출을 받거나 신용카드를 사용해야 할 수도 있습니다. 이는 장기적으로 더 큰 재정적 부담을 초래할 수 있기 때문에, 비상금을 마련해 두는 것이 매우 중요합니다.

일반적으로 3~6개월 치 생활비를 비상금으로 마련하는 것이 권장됩니다. 이는 실직과 같은 긴급 상황이 발생했을 때, 최소한 몇 개월 동안 기본적인 생활비를 충당할 수 있도록 도와줍니다. 예를 들어, 월 생활비가 200만 원이라면, 최소 600만 원에서 1,200만 원 정도의 비상금을 마련해 두는 것이 좋습니다.

비상금을 마련할 때는 언제든지 쉽게 찾을 수 있는 형태로 보관하는 것이 중요합니다. 수시 입출금이 가능한 예금 계좌나 단기 금융상품에 예치하는 것이 좋습니다. 이러한 금융 상품들은 자금의 유동성을 보장해 주며, 필요할 때 즉시 찾을 수 있어 비상 상황에 빠르게 대처할 수 있습니다. 단기 금융상품은 일반적으로 이율이 낮지만, 자금을 안전하게 보관하면서도 언제든지 사용할 수 있는 이점이 있습니다.

또한, 비상금은 긴급 상황에만 사용해야 하며, 일상적인 지출을 위해 사용하지 않도록 주의해야 합니다. 비상금이 사용되었을 경우, 가능한 한 빨리 다시 채워 넣는 것이 중요합니다. 이렇게 하면 지속적으로 재정적 안정을 유지할 수 있으며, 예기치 못한 상황에서 큰 재정적 부담 없이 대처할 수 있습니다.

2. 장기적 저축

장기적 저축은 은퇴 준비, 자녀 교육 자금, 주택 구매 등 장기적인 목표를 이루기 위해 자금을 모으는 과정입니다. 장기적 저축은 시간이 지남에 따라 자산을 꾸준히 증대시키는 것이 목표이며, 이는 주로 적금, 연금, 투자 상품 등을 통해 이루어집니다. 이러한 장기적 저축은 미래의 재정적 필요를 충족시키고, 재정적 안정성을 확보하는 데 중요한 역할을 합니다.

예를 들어, 은퇴 후의 생활비를 마련하기 위해 연금 상품에 꾸준히 저축하는 방법이 있습니다. 연금 상품은 일정 기간 정기적으로 내고, 은퇴 후에는 일정한 금액을 받는 방식으로 운영됩니다. 이렇게 장기적으로 자금을 모으면, 은퇴 후에도 재정적 안정을 유지할 수 있습니다.

또한, 자녀 교육 자금을 마련하기 위해 적금이나 교육비 펀드에 저축하는 방법도 있습니다. 자녀가 성인이 되어 대학에 진학할 때나 해외 유학을 계획할 때, 충분한 자금을 준비해 두면 갑작스러운 큰 지출에도 대비할 수 있습니다. 주택 구매를 위해 장기적으로 자금을 모으는 것도 중요한 장기적 저축의 한 예입니다. 이 경우, 적금을 활용하거나, 주택청약저축과 같은 상품에 가입하여 일정 금액을 꾸준히 저축하는 것이 좋습니다.

장기적 저축의 핵심은 복리 효과를 활용하는 것입니다. 복리는 이자가 원금에 더해져 다시 이자를 생성하는 방식으로, 시간이 지남에 따라 자산을 크게 증대시킬 수 있습니다. 예를 들어, 20대부터 매달 일정 금액을 저축하기 시작하면, 복리 효과로 인해 30~40년 후에는 큰 금액을 모을 수 있습니다. 이는 시간이 자산을 증대시키는 힘이 얼마나 강력한지를 보여줍니다.

따라서 장기적인 목표를 위해서는 가능한 한 빨리 저축을 시작하는 것이 중요합니다. 일찍 시작할수록 복리 효과를 극대화할 수 있으며, 장기적인 재정 목표를 달성할 가능성도 높아집니다. 처음에는 적은 금액부터 시작하더라도, 꾸준히 저축하는 습관을 기르면 장기적인 재정 계획을 성공적으로 실현할 수 있습니다.

3. 저축의 습관화

저축은 꾸준히 일정 금액을 저축하는 습관을 기르는 것이 중요합니다. 처음에는 적은 금액부터 시작하더라도, 시간이 지나면서 점차 저축액을 늘려가는 것이 좋습니다. 이를 위해 자동이체를 활용하면 매달 정해진 금액이 저축 계좌로 자동으로 입금되어 잊지 않고 꾸준히 저축할 수 있습니다.

저축 습관을 기르기 위해서는 목표 설정이 필요합니다. 예를 들어, 5년 후에 1,000만 원을 모으겠다는 목표를 설정한 후, 이를 달성하기 위해 매달 필요한 저축액을 계산하고, 그에 맞춰 저축 계획을 세웁니다. 목표가 구체적일수록 저축 동기가 생기고, 이를 꾸준히 실천할 가능성이 높아집니다.

4. 저축을 통한 재정적 안정

저축은 단순히 돈을 모으는 것을 넘어서, 재정적 안정을 제공하는 중요한 수단입니다. 예기치 못한 상황에서도 재정적 안정성을 유지할 수 있도록 도와주며, 이를 통해 더 나은 미래를 준비할 수 있습니다. 예를 들어, 비상금을 마련해 두면 갑작스러운 실직이나 큰 지출이 발생하더라도 심리적, 재정적 스트레스를 줄일 수 있습니다. 또한, 장기적인 저축을 통해 은퇴 후의 생활이나 자녀 교육 등 중요한 재정적 목표를 차질 없이 달성할 수 있습니다.

미래 준비를 위한 저축은 재정적 성공의 중요한 열쇠입니다. 먼저 비상금부터 마련하고, 점차 장기적인 저축 계획을 세워가는 것이 좋습니다.

생활 속 절약 방법

생활 속 절약 방법은 일상에서 불필요한 지출을 줄이고, 효율적으로 돈을 관리하기 위한 다양한 방법들을 의미합니다. 작은 습관의 변화나 계획적인 소비는 장기적으로 큰 재정적 이익을 가져올 수 있습니다. 절약은 단순히 돈을 아끼는 것을 넘어서, 자원을 더 효율적으로 활용하는 것입니다. 예를 들어, 에너지 절약, 식비 절감, 불필요한 구독 서비스 해지 등이 포함됩니다. 초보자라면 생활 속에서 실천할 수 있는 작은 절약 습관부터 시작해, 점차 더 큰 절약 목표를 세우는 것이 좋습니다. 이를 통해 재정적 여유를 확보하고, 장기적인 재정 목표를 달성하는 데 도움이 될 수 있습니다.

생활 속 절약 방법은 일상에서 돈을 효율적으로 관리하고, 불필요한 지출을 줄이는 다양한 방법들을 포함합니다. 절약은 단순히 돈을 아끼는 것뿐만 아니라, 자원을 더욱 효율적으로 활용하여 장기적으로 재정적 여유를 확보하는 데 중요한 역할을 합니다. 생활 속 절약 방법은 크고 작은 다양한 실천으로 구성되며, 이를 꾸준히 실천하면 장기적으로 큰 재정적 이익을 얻을 수 있습니다.

1. 에너지 절약

에너지 절약은 생활 속에서 실천할 수 있는 가장 기본적인 절약 방법의 하나입니다. 예를 들어, 전기 사용을 줄이는 습관을 들이는 것이 있습니다. 사용하지 않는 전자기기는 플러그를 뽑아 두거나, 대기 전력을 줄이기 위해 멀티탭을 사용하여 한 번에 전원을 차단할 수 있습니다. 또한, 에너지 효율이 높은 LED 조명을 사용하거나, 에어컨 사용을 줄이고 자연 환기를 통해 실내 온도를 조절하는 방법도 효과적입니다. 이러한 작은 습관들은 전기 요금을 절감할 뿐만 아니라, 환경 보호에도 이바지할 수 있습니다.

2. 식비 절감

식비 절감은 생활비 절약에서 큰 비중을 차지할 수 있는 부분입니다. 외식을 줄이고, 가정에서 식사 준비를 하는 습관을 들이는 것이 좋습니다. 식재료를 대량으로 사 계획적으로 사용하면, 불필요한 식품 구매를 줄이고, 식비를 절감할 수 있습니다. 예를 들어, 주간 식단을 미리 계획하고, 그에 맞춰 장을 보는 습관을 들이면, 충동적인 식재료 구매를 줄일 수 있습니다. 또한, 할인 쿠폰이나 적립 카드 등을 활용하여 식비를 절감하는 것도 좋은 방법입니다.

3. 불필요한 구독 서비스 해지

불필요한 구독 서비스를 정리하는 것도 효과적인 절약 방법의 하나입니다. 많은 사람들이 여러 개의 구독 서비스를 동시에 이용하면서도, 실제로는 일부 서비스만 사용하고 있을 수 있습니다. 이러한 경우, 사용하지 않는 서비스는 해지하여 매달 고정적으로 나가는 지출을 줄일 수 있습니다. 예를 들어, 동영상 스트리밍 서비스, 음악 서비스, 디지털 뉴스 구독 등 사용 빈도가 낮거나 불필요한 서비스는 정리하는 것이 좋습니다. 이러한 절약은 적은 금액이라도 장기적으로 큰 재정적 여유를 가져올 수 있습니다.

4. 계획적인 소비

계획적인 소비는 절약의 핵심 원칙 중 하나입니다. 충동구매를 피하고, 필요한 것만을 구매하는 습관을 들이는 것이 중요합니다. 예를 들어, 쇼핑 목록을 작성하고, 목록에 적힌 것만 구매하는 방식으로 충동구매를 줄일 수 있습니다. 또한, 할인 기간을 활용하여 필요한 물품을 저렴한 가격에 구매하거나, 중고 제품을 구매하여 새 제품보다 저렴하게 사는 것도 좋은 방법입니다. 이러한 계획적인 소비는 불필요한 지출을 줄이고, 장기적으로 큰 절약을 가능하게 합니다.

5. 교통비 절감

교통비 절감도 생활 속 절약의 중요한 부분입니다. 자가용 사용을 줄이고 대중교통을 이용하거나, 카풀을 통해 교통비를 절약할 수 있습니다. 또한, 가까운 거리는 도보나 자전거를 이용하여 건강을 유지하면서 교통비를 절감할 수 있습니다. 대중교통을 자주 이용하는 경우, 정기권을 구매하여 할인 혜택을 받는 것도 좋은 절약 방법입니다.

6. 재사용과 재활용

마지막으로, 재사용과 재활용을 통한 절약도 효과적입니다. 물건을 재사용하거나, 재활용품을 활용하여 생활 속에서 자원을 절약할 수 있습니다. 예를 들어, 플라스틱 병을 재활용하여 생활용품으로 사용하거나, 재활용할 수 있는 포장지를 활용하는 등의 작은 습관들이 절약에 큰 도움을 줄 수 있습니다.

생활 속 절약 방법은 단순히 돈을 아끼는 것 이상의 의미가 있습니다. 이러한 절약 습관들을 꾸준히 실천하면, 장기적으로 재정적 안정성을 확보하고, 더 나은 미래를 준비할 수 있습니다. 작은 절약 습관부터 시작해, 점차 더 큰 절약 목표를 세워가는 것이 좋습니다.

8장

금융 상품 이해하기

예금, 대출, 이자 등의 금융 상품의 기본 개념을 설명합니다. 또한, 신용카드와 대출을 현명하게 사용하는 방법을 다루며, 주식, 채권, 펀드 등의 투자 상품의 기초 개념을 설명합니다.

이를 통해 초보자들이 금융 상품을 이해하고, 자신의 재정 상황에 맞게 금융 상품을 효과적으로 활용할 수 있도록 돕습니다.

예금, 대출, 이자 이해하기

예금, 대출, 이자는 금융의 가장 기본적인 개념으로, 돈을 관리하고 자산을 늘리기 위해 알아야 할 중요한 요소들입니다. 예금은 은행이나 금융기관에 돈을 맡기고, 일정 기간 후에 원금과 이자를 받는 것을 의미합니다. 대출은 필요할 때 금융기관으로부터 자금을 빌리는 것이며, 이때 빌린 금액에 대해 일정한 이자를 지급하게 됩니다. 이자는 예금자에게는 수익으로, 대출자에게는 비용으로 작용합니다. 이 세 가지 개념을 잘 이해하면, 자신의 재정 상태를 효율적으로 관리하고, 금융 상품을 올바르게 활용할 수 있습니다. 초보자라면 먼저 이 기본 개념을 숙지한 후, 자신의 상황에 맞는 금융 상품을 선택하는 것이 중요합니다.

예금, 대출, 이자는 금융의 기초 개념으로, 일상적인 재정 관리에서 매우 중요한 역할을 합니다. 이들 개념을 잘 이해하면, 개인의 자산을 더 효율적으로 관리하고, 재정적인 결정을 더 잘 내릴 수 있습니다.

1. 예금

예금은 개인이 은행이나 금융기관에 돈을 맡겨 일정 기간 보관하는 행위를 말합니다. 예금을 통해 금융기관은 개인의 자금을 활용할 수 있게 되며, 그 대가로 일정한 이자를 지급합니다. 예금은 보통 수시입출금 예금과 정기예금으로 나뉩니다.

- **수시입출금 예금** : 자유롭게 입출금이 가능하며, 필요할 때 언제든지 돈을 찾을 수 있습니다. 이자율이 낮은 편이지만, 자금의 유동성이 높아 비상금 용도로 적합합니다.
- **정기예금** : 일정 기간 돈을 예치하고, 그 기간이 끝난 후에 원금과 이자를 받는 방식입니다. 이자율이 수시입출금 예금보다 높으며, 자금을 안전하게 보관하고 일정 이익을 얻고자 할 때 적합합니다.

예금을 통해 돈을 안전하게 보관하고, 일정한 이익을 얻을 수 있지만, 인플레이션을 고려해야 합니다. 인플레이션이 이자율보다 높을 경우, 실제 구매력이 떨어질 수 있으므로, 예금 외에 다른 투자 방법도 고려해야 합니다.

2. 대출

대출은 필요한 자금을 은행이나 금융기관에서 빌리는 행위입니다. 대출을 통해 원하는 시기에 자금을 사용할 수 있지만, 빌린 금액에 대한 이자를 지급해야 합니다. 대출은 주택 구매, 자동차 구매, 학자금 등 다양한 목적으로 이용됩니다.

대출에는 고정금리와 변동금리가 있습니다.

- **고정금리 대출** : 대출 기간 이자율이 변하지 않아, 매달 갚아야 할 금액이 일정하게 유지됩니다. 예측할 수 있는 상환 계획을 세우기 쉽지만, 시장 금리가 하락해도 대출 이자율은 그대로 유지됩니다.
- **변동금리 대출** : 시장 금리에 따라 이자율이 변동합니다. 금리가 하락하면 이자 부담이 줄어들지만, 반대로 금리가 상승할 때 상환 부담이 커질 수 있습니다.

대출을 받을 때는 자신의 상환 능력을 고려하여 신중하게 결정해야 합니다. 대출을 통해 필요한 자금을 확보할 수 있지만, 무리한 대출은 장기적으로 재정적 어려움을 초래할 수 있습니다. 따라서 대출을 받기 전, 상환 계획을 세우고, 이자율과 상환 조건을 자세히 검토하는 것이 중요합니다.

3. 이자

이자는 예금이나 대출에 따라 금융기관이 지급하거나, 개인이 지급해야 하는 금액입니다. 이자율은 예금자에게는 예금액에 대한 수익을, 대출자에게는 빌린 돈에 대한 비용을 의미합니다. 이자율은 시장 금리, 대출 기간, 신용도 등에 따라 달라질 수 있습니다.

- **예금 이자** : 예금을 통해 금융기관에 돈을 맡기면, 일정 기간 이자율에 따라 이익을 얻게 됩니다. 예를 들어, 1년 동안 1,000만 원을 연 2% 이자율로 예금하면, 1년 후에 20만 원의 이자를 받을 수 있습니다.

- **대출 이자** : 대출을 받으면, 대출 금액에 대해 이자를 지급해야 합니다. 예를 들어, 5% 이자율로 1,000만 원을 대출받으면, 매년 50만 원의 이자를 지급해야 합니다. 대출 이자는 대출 기간이 길어질수록 누적되기 때문에, 대출을 받을 때는 이자율과 상환 기간을 신중히 고려해야 합니다.

이자는 재정 계획에서 중요한 요소로, 높은 이자를 피하고 효율적인 금융 상품을 선택하는 것이 필요합니다. 예금 이자율이 높을 때는 예금을 통한 수익을 극대화할 수 있으며, 대출 이자율이 낮을 때는 대출 상환 부담을 줄일 수 있습니다.

예금, 대출, 이자라는 기본 개념을 이해하는 것은 재정 관리를 잘하기 위한 첫걸음입니다. 먼저 이 개념들을 확실히 이해한 후, 자신의 재정 상태와 목표에 맞는 금융 상품을 선택하는 것이 중요합니다.

신용카드와 대출 현명하게 사용하기

신용카드와 대출을 현명하게 사용하는 것은 재정 관리를 효과적으로 하는 데 필수적입니다. 신용카드는 편리하게 사용할 수 있지만, 충동적인 소비를 유발할 수 있어 사용에 주의가 필요합니다. 대출은 필요한 자금을 마련할 수 있는 유용한 도구지만, 상환 계획 없이 무리하게 대출을 받으면 재정적 어려움을 초래할 수 있습니다. 이 두 가지 금융 도구를 적절하게 사용하면, 재정적 여유를 확보하고, 필요할 때 자금을 효과적으로 활용할 수 있습니다. 초보자라면, 신용카드와 대출을 사용할 때 항상 상환 계획을 세우고, 자신의 재정 상황에 맞게 사용하는 것이 중요합니다.

신용카드와 대출은 일상생활에서 자금을 관리하고 필요할 때 자금을 마련하는 데 매우 유용한 도구들입니다. 그러나, 이 도구들을 잘못 사용하면 재정적으로 어려움을 겪을 수 있습니다. 따라서 신용카드와 대출을 현명하게 사용하기 위해서는 몇 가지 중요한 원칙을 이해하고 실천하는 것이 필요합니다.

1. 신용카드 현명하게 사용하기

신용카드는 편리하고 유용한 지불 수단이지만, 그만큼 책임감 있게 사용해야 합니다. 신용카드를 사용할 때는 항상 지출 관리와 상환 계획을 염두에 두어야 합니다.

- **지출 관리** : 신용카드를 사용하면 즉시 현금을 지출하지 않고, 나중에 청구서로 결제할 수 있기 때문에, 쉽게 과소비하게 될 수 있습니다. 이를 방지하기 위해, 월별 지출 한도를 설정하고, 그 범위 내에서만 사용하도록 해야 합니다. 또한, 불필요한 충동구매를 피하고, 필요한 지출만을 위해 신용카드를 사용하는 것이 좋습니다.

- **상환 계획** : 신용카드 대금을 제때 상환하지 않으면 연체료와 높은 이자가 부과될 수 있습니다. 신용 점수에도 부정적인 영향을 미칠 수 있으므로, 신용카드 대금은 가능한 전액 상환하는 것이 바람직합니다. 만약 한 번에 전액 상환이 어려우면, 최소 결제 금액 이상을 빠르게 상환하고, 신용카드 사용을 줄이는 것이 좋습니다. 또한, 자동이체를 설정하여 결제일에 맞춰 자동으로 대금이 결제되도록 하면 연체를 방지할 수 있습니다.

- **보너스와 혜택 활용** : 신용카드는 적절히 사용하면 포인트 적립, 할인 혜택 등 다양한 이점을 제공할 수 있습니다. 이러한 혜택을 잘 활용하면 소비 생활에 있어 추가적인 이득을 얻을 수 있습니다. 다만, 혜택을 위해 불필요한 소비를 유도하지 않도록 주의해야 합니다.

2. 대출 현명하게 사용하기

대출은 주택 구매, 학자금, 사업 자금 등 큰 금액이 필요한 경우에 매우 유용한 금융 도구입니다. 하지만 대출은 상환 의무가 수반되기 때문에, 신중하게 접근해야 합니다.

- **대출 목적 명확히 하기** : 대출을 받기 전에는 대출의 목적을 명확히 하고, 그 목적에 맞는 대출 상품을 선택하는 것이 중요합니다. 예를 들어, 주택 구매를 위한 대출은 주택담보대출이 적합하며, 단기 자금 조달을 위해서는 소액 대출이 더 나은 선택일 수 있습니다.
- **상환 계획 수립** : 대출을 받기 전, 상환 계획을 철저히 세워야 합니다. 대출 상환액이 월 소득의 일정 비율을 초과하지 않도록 주의하고, 상환 기간 동안 금리가 어떻게 변동할지 예측해 보는 것도 중요합니다. 고정금리와 변동금리 중 자신에게 더 유리한 조건을 선택하는 것도 현명한 대출 사용의 일환입니다.

- **이자율 비교** : 대출 상품을 선택할 때는 이자율을 비교하여 가능한 한 낮은 이자율로 대출을 받는 것이 중요합니다. 또한, 대출에 부과되는 추가 비용(예 : 수수료, 보험료 등)도 고려해야 합니다. 낮은 이자율의 대출 상품을 선택하면, 장기적으로 상환 부담을 크게 줄일 수 있습니다.
- **대출 한도 신중하게 결정** : 대출 한도는 필요 이상의 금액을 빌리지 않도록 신중하게 결정해야 합니다. 필요한 금액만을 대출받아야 상환 부담이 커지지 않으며, 대출을 받은 후에도 절약과 예산 관리를 통해 상환에 집중할 수 있습니다.

3. 신용 관리의 중요성

신용카드와 대출은 모두 신용 기록에 영향을 미칩니다. 신용카드를 잘 관리하고 대출 상환을 꾸준히 하면, 신용 점수가 향상돼 미래에 더 나은 금융 조건을 얻을 수 있습니다. 반면, 신용카드 연체나 대출 상환 실패는 신용 점수를 하락시켜, 향후 대출 승인에 어려움을 겪거나 더 높은 이자율로 대출을 받아야 할 수 있습니다. 따라서 신용 관리는 신용카드와 대출 사용의 중요한 부분입니다.

신용카드와 대출을 현명하게 사용하기 위해서는 책임감 있는 소비와 철저한 상환 계획이 필수적입니다. 신용카드 사용을 절제하고, 대출을 받을 때는 상환 능력을 꼼꼼히 따져보는 것이 중요합니다.

주식, 채권, 펀드 기초

주식, 채권, 펀드는 투자 상품의 기본 유형으로, 각각 다른 특성과 리스크를 가지고 있습니다. 주식은 기업의 소유권을 의미하며, 주식을 소유하면 기업의 이익에 대한 배당을 받거나 주가 상승에 따른 시세차익을 기대할 수 있습니다. 채권은 정부나 기업이 자금을 빌리기 위해 발행하는 것으로, 일정 기간 후 원금과 이자를 돌려받는 안정적인 투자 상품입니다. 펀드는 여러 투자자의 자금을 모아 주식, 채권 등에 분산 투자하는 상품으로, 전문가가 자산을 관리합니다. 초보자라면 각 상품의 특징과 리스크를 이해하고, 자신의 재정 목표와 위험 감수 능력에 맞는 투자를 선택하는 것이 중요합니다.

주식, 채권, 펀드는 투자 시장에서 가장 기본적인 상품들이며, 각 상품은 서로 다른 특성과 리스크 프로파일을 가지고 있습니다.

이들 투자 상품을 이해하는 것은 자신의 재정 목표에 맞는 투자 전략을 수립하는 데 필수적입니다.

1. 주식

주식은 기업의 소유권을 의미합니다. 주식을 소유한다는 것은 해당 기업의 일부분을 소유하고 있다는 뜻이며, 이는 주주의 권리와 책임을 함께 가집니다. 주식 투자자는 기업의 성장과 수익성에 따라 배당금을 받을 수 있으며, 주가 상승에 따른 시세차익도 기대할 수 있습니다.

- **배당금** : 기업이 수익을 낼 경우, 일부를 주주들에게 배당금으로 지급할 수 있습니다. 배당금을 정기적으로 지급하는 기업의 주식은 투자자에게 꾸준한 수익을 제공할 수 있습니다.
- **시세차익** : 주식 가격이 오르면, 주식을 매도하여 시세차익을 실현할 수 있습니다. 그러나 주식 가격은 시장 상황, 기업의 실적, 경제 환경 등에 따라 변동성이 크기 때문에, 높은 리스크가 수반됩니다.

주식은 장기적으로 큰 수익을 기대할 수 있지만, 시장의 변동성이 커 손실을 볼 가능성도 있습니다. 따라서 주식 투자를 할 때는 충분한 분석과 연구가 필요하며, 자신의 위험 감수 능력에 맞춰 투자하는 것이 중요합니다.

2. 채권

채권은 정부, 기업 등이 자금을 조달하기 위해 발행하는 부채 증서입니다. 채권 투자자는 채권을 구매함으로써 자금을 빌려주고, 그 대가로 정기적인 이자를 받으며, 만기 시 원금을 돌려받게 됩니다.

- **이자 수익** : 채권은 매달 또는 매년 일정한 이자를 지급하며, 이는 채권의 이자율에 따라 결정됩니다. 이자율이 높을수록 더 많은 이자 이익을 얻을 수 있습니다.
- **안정성** : 채권은 일반적으로 안정적인 투자 상품으로 간주합니다. 특히 정부가 발행하는 국채는 매우 안전한 투자로 평가됩니다. 그러나 기업이 발행한 채권은 그 기업의 신용도에 따라 리스크가 달라질 수 있습니다.

채권은 주식보다 리스크가 낮고, 안정적인 수익을 기대할 수 있는 투자 상품입니다. 그러나 이자율이 낮을 경우, 기대 수익이 적을 수 있으며, 인플레이션에 의해 실제 수익률이 하락할 수 있습니다. 따라서 채권은 주로 안정성을 중시하는 투자자에게 적합합니다.

3. 펀드

펀드는 여러 투자자의 자금을 모아 전문 투자 관리자가 주식, 채권, 부동산 등 다양한 자산에 분산 투자하는 금융 상품입니다. 펀드는 다양한 자산에 투자하기 때문에 리스크를 분산할 수 있으며, 투자 관리에 대한 부담을 줄일 수 있습니다.

- **다양성** : 펀드는 다양한 자산에 투자하기 때문에 개별 주식이나 채권에 투자하는 것보다 리스크가 분산됩니다. 이는 투자 포트폴리오를 다양화하고, 리스크를 줄이는 데 도움이 됩니다.

- **전문 관리** : 펀드는 전문가가 자산을 관리하기 때문에, 투자 경험이 적은 초보자에게 유리합니다. 펀드 매니저가 시장 상황을 분석하고, 적절한 투자 결정을 내리는 역할을 합니다.

펀드는 주식형 펀드, 채권형 펀드, 혼합형 펀드 등 여러 종류가 있으며, 각 펀드는 투자 대상에 따라 수익률과 리스크가 다릅니다. 주식형 펀드는 주식에 주로 투자하며, 높은 수익을 기대할 수 있지만, 변동성이 큽니다. 채권형 펀드는 채권에 주로 투자하며, 안정적인 수익을 기대할 수 있습니다. 혼합형 펀드는 주식과 채권을 모두 포함하여 균형 잡힌 수익과 리스크를 제공합니다.

주식, 채권, 펀드 각각은 서로 다른 특성과 리스크를 가지고 있으며, 투자자는 자신의 재정 목표와 위험 감수 능력에 맞는 투자 상품을 선택하는 것이 중요합니다. 초보자라면 펀드를 통해 분산 투자와 전문가의 관리를 받는 것이 좋을 수 있습니다. 또한, 주식과 채권을 직접 투자하기 전에 각 상품의 특성과 리스크를 충분히 이해하고, 장기적인 투자 계획을 세우는 것이 필요합니다.

PART 6

경제와 우리 생활

9장

●

정부와 경제 이해하기

정부의 경제적 역할과 세금의 중요성을 설명합니다. 세금이 복지, 교육, 안전 등 공공서비스에 어떻게 사용되는지 분석하고, 금리와 인플레이션의 상호작용을 다룹니다.

이를 통해 정부의 경제 정책이 개인과 사회에 미치는 영향을 이해하고, 정부 정책이 어떻게 경제적 안정과 발전을 도모하는지 살펴봅니다.

왜 세금을 내야 할까

세금은 정부가 사회 전반에 필요한 공공 서비스를 제공하기 위해 국민으로부터 걷는 자금입니다. 세금을 통해 정부는 도로, 교육, 의료, 국방 등 다양한 공공서비스를 제공하고, 사회적 안전망을 유지합니다. 세금은 모든 국민이 공평하게 부담해야 하며, 이를 통해 사회 전체가 더 나은 환경에서 생활할 수 있습니다. 세금이 없다면, 공공서비스 제공이 어려워지고, 사회적 혼란이 발생할 수 있습니다. 따라서 세금은 우리가 살고 있는 사회의 기본적인 운영과 발전을 위해 필수적인 요소입니다.

세금은 정부가 국가를 운영하고, 사회 전반에 걸친 공공서비스를 제공하기 위해 국민에게 거두는 자금입니다. 세금의 개념을 이해하는 것은 현대 사회에서 시민의 역할을 인식하고, 왜 우리가 세금을 내야 하는지에 대한 중요성을 깨닫는 데 필수적입니다.

1. 세금의 기본 역할

세금은 국가와 사회를 운영하기 위한 재정적 기반입니다. 정부는 국민이 낸 세금을 통해 도로, 공원, 학교, 병원, 경찰, 소방서 등 다양한 공공시설과 서비스를 제공하며, 이러한 서비스는 우리 삶의 질을 직접적으로 향상합니다. 예를 들어, 도로와 교통 시스템을 유지하고 확장하는 데 필요한 비용은 세금을 통해 충당됩니다. 이처럼 세금은 우리의 일상생활에서 필수적인 요소들을 지원합니다.

2. 공공서비스 제공

정부는 세금을 통해 공공서비스를 제공하고, 이를 통해 국민의 안전과 복지를 보장합니다. 예를 들어, 경찰과 소방서, 군대는 모두 세금을 통해 운영되며, 우리의 생명과 재산을 보호하는 중요한 역할을 합니다. 또한, 공공 교육과 의료 서비스도 세금을 통해 제공되며, 모든 국민이 교육과 건강을 보장받을 수 있도록 지원합니다. 이러한 공공서비스는 사회적 불평등을 줄이고, 모든 국민이 최소한의 삶의 질을 유지할 수 있도록 돕습니다.

3. 사회적 안전망 유지

세금은 또한 사회적 안전망을 유지하는 데 사용됩니다. 사회적 안전망이란 경제적 어려움에 부닥친 사람들을 돕기 위한 복지 제도를 의미합니다. 실업급여, 기초연금, 장애인 지원금 등은 모두 세금을 통해 마련된 재원으로 지원됩니다. 이러한 제도는 사회의 취약 계층을 보호하고, 경제적 불평등을 완화하는 데 중요한 역할을 합니다. 따라서 세금은 사회 전체의 안정성을 유지하는 데 필수적입니다.

4. 공정한 부담

세금은 모든 국민이 공평하게 부담해야 할 의무입니다. 세금은 개인이나 기업이 소득에 따라 일정 비율로 내게 되며, 이를 통해 정부는 공정하게 자원을 분배할 수 있습니다. 세금 제도는 일반적으로 소득세, 부가가치세, 재산세 등 다양한 형태로 구성되며, 각 개인과 기업은 그들의 경제적 능력에 따라 세금을 부담합니다. 이를 통해 사회 전체가 혜택을 누릴 수 있는 공공서비스가 제공됩니다.

5. 사회적 계약과 시민의 의무

세금을 내는 것은 시민의 의무이자, 사회적 계약의 하나로 이해할 수 있습니다. 사회적 계약이란 시민과 정부 간의 암묵적인 약속으로, 시민은 세금을 납부하고, 그 대가로 정부는 안전과 복지를 보장하는 공공서비스를 제공합니다. 이 계약을 통해 사회는 안정적으로 운영될 수 있으며, 모든 시민이 공공의 이익을 위해 이바지하게 됩니다.

6. 세금이 없다면?

만약 세금이 없다면, 정부는 도로, 학교, 병원, 경찰, 소방서 등 기본적인 공공서비스를 제공할 수 없게 됩니다. 도로가 제대로 유지되지 않으면 교통 혼란과 사고가 증가하고, 경찰과 소방서의 부족은 범죄와 화재에 대한 대응력을 약화시켜 시민들의 안전을 심각하게 위협할 것입니다. 또한, 교육과 의료 시스템이 붕괴되면, 아이들이 교육을 받을 기회를 잃고, 의료 서비스에 접근하기 어려워져 사회 전반의 건강과 교육 수준이 크게 저하됩니다. 이러한 상황은 사회적 불평등을 심화시키고, 경제적 불안정을 초래할 수 있습니다. 따라서, 세금은 사회가 안정적으로 운영되고, 모든 시민이 기본적인 권리를 누릴 수 있도록 하는 필수적인 재정적 기반입니다.

세금은 우리가 살고 있는 사회의 기본적인 운영과 발전을 위해 꼭 필요합니다. 세금을 통해 우리는 공공서비스를 누리고, 사회적 안전망을 구축하며, 공정한 부담을 통해 사회의 균형을 유지할 수 있습니다.

복지, 교육, 안전에 사용되는 세금

세금은 정부가 복지, 교육, 안전과 같은 공공서비스를 제공하기 위해 사용되는 중요한 재원입니다. 복지를 통해 사회적 약자를 보호하고, 교육을 통해 모든 국민이 평등한 교육 기회를 제공받을 수 있도록 합니다. 안전 분야에서는 경찰, 소방서, 국방 등을 통해 시민들의 생명과 재산을 보호합니다. 이러한 세금의 사용은 사회의 안정과 발전을 위한 필수 요소입니다. 세금을 통해 정부는 모든 국민이 기본적인 삶의 질을 유지할 수 있도록 지원합니다. 초보자라면 세금이 어디에 사용되는지를 이해하는 것이 중요합니다.

세금은 정부가 다양한 공공서비스를 제공하기 위해 국민에게 걷는 자금이며, 이 자금은 복지, 교육, 안전과 같은 필수적인 분야에 사용됩니다. 이들 분야는 사회의 안정과 국민 삶의 질을 유지하는 데 중요한 역할을 합니다.

1. 복지

복지는 사회적 약자를 보호하고, 모든 국민이 최소한의 삶을 유지할 수 있도록 돕는 중요한 제도입니다. 복지 예산은 세금에서 비롯되며, 이를 통해 기초연금, 실업급여, 장애인 지원금 등 다양한 복지 프로그램이 운영됩니다. 예를 들어, 고령자에게 기초연금을 제공하여 기본적인 생활을 유지하게 하거나, 실직한 사람들이 실업급여를 받아 경제적 어려움에서 벗어날 수 있도록 지원합니다. 또한, 저소득층 가정을 위한 다양한 복지 프로그램을 통해 경제적 불평등을 완화하고, 사회적 안전망을 강화합니다.

복지에 사용되는 세금은 사회 전반의 안정성을 유지하는 데 필수적입니다. 이를 통해 사회적 약자가 기본적인 권리를 누리고, 경제적 어려움에 부닥친 사람들이 재정적인 지원을 받을 수 있습니다. 이는 궁극적으로 사회적 통합과 경제적 안정에 이바지합니다.

2. 교육

교육은 모든 국민이 평등한 교육 기회를 받을 수 있도록 하는 데 필수적입니다. 세금을 통해 정부는 공립학교의 운영, 교사 급여, 교육 프로그램 개발, 장학금 제공 등 다양한 교육 서비스를 지원합니다. 예를 들어, 공립학교에서 무료로 교육을 받을 수 있도록 하는 것은 세금으로 지원되는 대표적인 사례입니다. 이를 통해 모든 아이가 경제적 배경과 상관없이 양질의 교육을 받을 수 있습니다.

교육에 사용되는 세금은 미래의 사회적 자본을 형성하는 데 중요한 역할을 합니다. 교육을 통해 사람들은 필요한 지식과 기술을 습득하고, 더 나은 일자리를 얻을 수 있으며, 사회에 이바지할 수 있는 능력을 갖추게 됩니다. 따라서 교육에 대한 투자는 장기적으로 국가의 경제적 성장과 사회적 발전에 크게 이바지합니다.

3. 안전

안전은 시민들의 생명과 재산을 보호하는 데 중요한 역할을 합니다. 세금은 경찰, 소방서, 국방 등 다양한 안전 관련 서비스에 사용됩니다. 경찰과 소방서는 범죄 예방과 화재 대응을 통해 시민들의 안전을 직접적으로 보호하며, 국방은 외부의 위협으로부터 국가를 지키는 역할을 합니다. 예를 들어, 경찰이 지역사회를 순찰하고 범죄를 예방하는 데 드는 비용, 소방서가 화재를 진압하고 시민을 구조하는 데 필요한 장비와 인력의 유지 비용은 모두 세금에서 비롯됩니다.

안전에 사용되는 세금은 국민이 일상생활에서 느끼는 안정감과 신뢰를 유지하는 데 필수적입니다. 이는 또한 국가의 법과 질서를 유지하고, 사회적 혼란을 예방하는 데 중요한 역할을 합니다. 안전에 대한 투자가 충분히 이루어지면, 시민들은 평화롭고 안전한 환경에서 생활할 수 있으며, 이는 전체 사회의 안정과 번영으로 이어집니다.

4. 세금의 역할

결론적으로, 세금은 복지, 교육, 안전과 같은 중요한 공공서비스를 제공하는 데 필수적인 재원입니다. 이러한 서비스들은 사회의 기본적인 기능을 유지하고, 모든 국민이 기본적인 삶의 질을 유지할 수 있도록 지원합니다. 세금이 없다면, 이러한 공공서비스를 제공하는 것이 불가능해지며, 이는 사회적 혼란과 불평등을 초래할 수 있습니다. 따라서 세금은 사회의 안정과 발전을 위해 꼭 필요한 요소이며, 이를 통해 우리는 더 나은 삶의 질을 누릴 수 있습니다.

세금이 어디에 사용되는지를 이해하고, 세금이 사회에 이바지하는 중요한 역할을 인식하는 것이 중요합니다.

금리와 인플레이션 이해하기

금리와 인플레이션은 경제에서 매우 중요한 개념으로, 서로 밀접한 관계가 있습니다. 금리는 돈을 빌리거나 빌려줄 때 적용되는 이자율을 의미하며, 중앙은행이 경제를 조절하기 위해 금리를 올리거나 내리기도 합니다. 인플레이션은 물가가 지속적으로 상승하여 돈의 가치가 하락하는 현상입니다. 금리가 오르면 인플레이션이 억제될 수 있고, 금리가 낮아지면 인플레이션이 상승할 수 있습니다. 이를 통해 정부는 경제를 조절하고, 물가 안정과 경제 성장을 목표로 합니다. 초보자라면 금리와 인플레이션의 관계를 이해하는 것이 중요합니다.

금리와 인플레이션은 경제 전반에 걸쳐 중요한 역할을 하는 두 가지 개념이며, 이 둘은 서로 밀접하게 연관되어 있습니다. 이를 이해하는 것은 경제 활동과 재정 관리를 더욱 효과적으로 할 수 있도록 도와줍니다.

1. 금리의 정의와 역할

금리는 돈을 빌리거나 빌려줄 때 적용되는 이자율을 의미합니다. 예를 들어, 은행에서 대출을 받을 때, 대출 금리에 따라 이자를 지급해야 합니다. 반대로, 은행에 돈을 예금하면, 예금 금리에 따라 이자를 받을 수 있습니다. 금리는 단순히 개인의 대출이나 저축에만 영향을 미치는 것이 아니라, 경제 전반의 활동에도 큰 영향을 미칩니다.

중앙은행(예 : 미국의 연방준비제도, 한국은행)은 경제 상황에 따라 금리를 조절하여 경제를 안정시키려고 합니다. 금리가 상승하면 대출이 줄어들고 소비와 투자가 줄어들어, 경제 활동이 둔화할 수 있습니다. 반대로, 금리가 낮아지면 대출이 늘어나고 소비와 투자가 활성화되어 경제가 성장할 수 있습니다.

2. 인플레이션의 정의와 영향

인플레이션은 물가가 지속적으로 상승하여, 돈의 가치가 하락하는 현상입니다. 예를 들어, 인플레이션이 발생하면 같은 돈으로 살 수 있는 물건의 양이 줄어들게 됩니다. 인플레이션은 일정 수준에서는 경제 성장에 긍정적인 영향을 미칠 수 있지만, 과도한 인플레이션은 경제 전반에 부정적인 영향을 미칠 수 있습니다.

인플레이션이 너무 높으면, 사람들은 미래에 물가가 더 오를 것을 우려해 지금 바로 소비하려고 하고, 이는 더 큰 인플레이션을 초래할 수 있습니다. 반면, 너무 낮거나 디플레이션(물가 하락)이 발생하면, 소비와 투자가 줄어들어 경제가 침체할 수 있습니다.

3. 금리와 인플레이션의 관계

금리와 인플레이션은 서로 밀접한 관계가 있습니다. 금리가 상승하면, 대출 비용이 증가하여 소비와 투자가 줄어들게 되고, 이는 경제 활동을 둔화시키고 인플레이션을 억제하는 효과를 가져올 수 있습니다. 이는 물가가 너무 빠르게 상승하는 것을 막으려는 조치로, 중앙은행이 인플레이션을 통제하는 주요 수단 중 하나입니다.

반면, 금리가 하락하면, 대출이 더 저렴해지고 소비와 투자가 늘어나면서 경제 활동이 활발해지게 됩니다. 이에 따라 인플레이션이 상승할 수 있으며, 이는 경제 성장을 촉진하는 효과를 가져올 수 있습니다. 그러나 과도한 금리 인하는 지나친 인플레이션을 초래할 위험이 있습니다.

4. 정부의 역할

정부와 중앙은행은 금리와 인플레이션을 조절하여 경제 안정을 도모합니다. 중앙은행은 경제 상황을 분석하여 금리를 조정함으로써 물가 안정과 경제 성장을 목표로 합니다. 예를 들어, 경제가 과

열되거나 인플레이션이 너무 높아지면 금리를 인상하여 경제를 둔화시키고, 인플레이션을 억제하려고 합니다. 반대로, 경제가 침체하거나 물가가 너무 낮아지면 금리를 인하하여 경제를 활성화하려고 합니다.

이 과정에서 정부와 중앙은행은 거시경제정책을 통해 경제를 안정시키고, 국민의 생활 수준을 유지하기 위해 노력합니다. 이는 경제의 균형을 유지하고, 경제적 불안정성을 최소화하는 데 중요한 역할을 합니다.

5. 금리와 인플레이션이 개인에게 미치는 영향

금리와 인플레이션은 개인의 재정 상태에 큰 영향을 미치며, 이를 이해하고 대응하는 것은 재정 관리에 있어서 매우 중요합니다. 금리가 높아지면 대출 상환액이 증가하여 가계의 재정 부담이 커질 수 있으며, 이는 특히 주택담보대출이나 신용대출을 보유한 가구에 큰 타격을 줄 수 있습니다. 반면, 금리가 낮아지면 대출 비용이 줄어들어 가계가 더 많은 소비와 투자를 할 여유가 생기지만, 저축 이자도 낮아져 저축의 매력이 감소할 수 있습니다. 인플레이션이 상승하면 생활비가 전반적으로 증가하고, 저축의 실질 가치가 하락하여 미래의 구매력이 감소할 수 있습니다. 이에 따라, 개인은 금리와 인플레이션의 변동에 주의 깊게 대응해야 하며, 필요할 때는 예산을 재조정하거나 투자 포트폴리오를 다각화하는 등의 전략을 통해 재정 계획을 유연하게 조정하는 것이 필요합니다.

금리와 인플레이션은 경제의 중요한 요소로, 정부는 이를 조절하여 경제를 안정시키고자 합니다. 금리와 인플레이션의 관계를 이해하고, 경제 변화에 따른 자신의 재정 전략을 수립하는 것이 중요합니다.

10장

미래를 준비하는 경제 지식

IT, AI, 로봇 등의 기술이 경제에 미치는 영향을 분석합니다. 또한, 지속 가능한 미래를 위한 경제적 접근법과 무역, 환율, 세계 경제의 상호작용을 설명합니다.

이를 통해 독자들이 미래의 경제 환경을 이해하고, 변화하는 경제 환경에 효과적으로 대처할 수 있는 지식을 습득하도록 돕습니다.

IT, AI, 로봇의 역할

IT, AI, 로봇은 현대 경제에서 중요한 역할을 하고 있으며, 이 기술들은 우리의 일상생활과 경제 구조를 빠르게 변화시키고 있습니다. IT(정보기술)는 커뮤니케이션, 데이터 관리, 비즈니스 운영을 혁신하고 있으며, AI(인공지능)는 문제 해결과 의사결정을 자동화하여 생산성을 극대화하고 있습니다. 로봇은 제조업, 의료, 서비스업 등 다양한 분야에서 사람을 대신해 작업을 수행하며, 효율성과 정확성을 높이고 있습니다. 이 세 가지 기술은 경제의 디지털화를 촉진하며, 새로운 일자리와 산업을 창출하고 있습니다. 초보자라면 이러한 기술이 경제에 미치는 영향을 이해하고, 미래를 준비하는 것이 중요합니다.

 IT, AI, 로봇은 오늘날 경제의 핵심 동력으로, 이들 기술이 발전함에 따라 우리의 생활 방식과 경제 구조가 근본적으로 변화하고 있습니다. 이 기술들은 기업의 운영 방식, 노동 시장, 산업 전반에 걸쳐 광범위한 영향을 미치고 있으며, 이러한 변화를 이해하는 것은 미래를 준비하는 데 필수적입니다.

1. IT(정보기술)의 역할

IT(정보기술)는 데이터를 저장, 처리, 전송하는 모든 기술을 포괄하며, 현대 경제에서 필수적인 인프라로 자리 잡고 있습니다. IT는 기업의 운영 효율성을 극대화하고, 통신과 데이터 관리를 혁신적으로 개선하며, 전자상거래와 디지털 마케팅 같은 새로운 비즈니스 모델을 가능하게 했습니다. 예를 들어, 클라우드 컴퓨팅은 기업들이 대규모 데이터를 손쉽게 저장하고 분석할 수 있도록 하며, 이는 더 나은 의사결정과 효율적인 운영을 가능하게 합니다.

IT는 또한 원격 근무와 디지털 협업을 가능하게 하여, 글로벌 경제에서 물리적 거리의 제약을 극복하는 데 중요한 역할을 하고 있습니다. 이에 따라 기업들은 더 넓은 시장에 접근할 수 있으며, 글로벌 인재와 협력하여 경쟁력을 강화할 수 있습니다.

2. AI(인공지능)의 역할

AI(인공지능)는 컴퓨터 시스템이 인간의 지능적 활동을 모방할 수 있도록 하는 기술로, 데이터 분석, 패턴 인식, 의사결정 등을 자동화합니다. AI는 생산성을 높이고, 효율적인 문제 해결을 가능하게 하며, 복잡한 작업을 신속하게 처리할 수 있습니다. 예를 들어, AI는 대규모 데이터를 분석하여 고객의 행동 패턴을 예측하거나, 기계 학습을 통해 산업 자동화에서의 오류를 줄일 수 있습니다.

AI는 또한 자동화된 의사결정 시스템을 통해 금융, 의료, 제조 등 다양한 분야에서 혁신을 이끌고 있습니다. 예를 들어, 금융 분야에서는 AI를 통해 투자 포트폴리오를 관리하고, 리스크를 최소화하는 전략을 자동으로 수립할 수 있습니다. 의료 분야에서는 AI가 방대한 양의 의료 데이터를 분석하여, 질병 진단과 치료 방법을 제안하는 데 사용됩니다.

3. 로봇의 역할

로봇은 물리적 작업을 자동화하는 기계로, 특히 제조업과 서비스업에서 중요한 역할을 하고 있습니다. 로봇은 인간의 반복적인 작업을 대신하여, 생산 효율성을 크게 향상할 수 있습니다. 예를 들어, 자동차 제조업에서는 로봇이 정밀한 조립 작업을 수행하여 생산 속도를 높이고, 제품의 일관된 품질을 유지합니다.

로봇은 또한 의료, 농업, 물류 등 다양한 분야에서도 활발히 활용되고 있습니다. 의료 분야에서는 수술 로봇이 정교한 수술을 수행하며, 농업에서는 자율주행 트랙터와 같은 농업용 로봇이 작업의 효율성을 높입니다. 물류 분야에서는 로봇이 창고에서 물품을 신속하게 처리하고, 배송 과정에서 자동으로 물품을 분류하는 등의 작업을 수행합니다.

4. 경제에 미치는 영향

IT, AI, 로봇의 발전은 경제에 큰 영향을 미치고 있습니다. 디지털화가 진행되면서, 새로운 산업과 일자리가 창출되는 한편, 기존의 일자리가 자동화로 인해 감소할 수도 있습니다. 이는 노동 시장의 구조적 변화를 초래하며, 새로운 기술을 습득한 인재에 대한 수요가 증가하고 있습니다.

또한, 효율성과 생산성이 향상되면서, 기업들은 더 높은 경쟁력을 갖추게 되며, 이는 글로벌 경제에서의 경쟁 구도를 변화시키고 있습니다. 예를 들어, 자동화된 생산 라인을 갖춘 기업은 비용을 절감하고, 제품의 가격을 낮추어 더 넓은 시장을 공략할 수 있습니다.

5. 미래를 준비하는 방법

이러한 변화 속에서, 개인과 기업 모두 미래를 준비하기 위해 새로운 기술을 이해하고, 이를 활용하는 방법을 학습하는 것이 중요합니다. 디지털 리터러시를 강화하고, AI와 로봇에 대한 기초 지식을 습득하여, 변화하는 경제 환경에서 적응할 수 있는 능력을 갖추는 것이 필요합니다. 또한, 지속적인 학습과 기술 혁신에 대한 이해를 바탕으로, 새로운 기회를 찾고, 경쟁력을 유지하는 것이 중요합니다.

IT, AI, 로봇은 현대 경제에서 필수적인 기술로, 이들 기술이 경제에 미치는 영향을 이해하고 준비하는 것은 미래의 성공을 위해 매우 중요합니다. 이러한 기술이 어떻게 우리의 일상과 경제를 변화시키고 있는지에 대한 이해를 바탕으로, 자신의 재정과 경력을 준비하는 것이 필요합니다.

지속 가능한 미래 만들기

지속 가능한 미래는 경제 발전과 환경 보호, 사회적 책임이 조화를 이루는 미래를 의미합니다. 이는 현 세대가 미래 세대의 자원을 낭비하지 않고, 경제 활동을 통해 환경을 보호하며, 사회적 평등과 번영을 추구하는 것을 목표로 합니다. 지속 가능한 경제는 재생 가능한 자원 사용, 탄소 배출 감소, 순환 경제 등 다양한 방법으로 이루어집니다. 이러한 개념은 장기적인 경제적 안정과 생태계 보존을 위해 필수적입니다. 초보자라면 지속 가능한 미래를 위해 개인과 기업이 실천할 수 있는 방법들을 이해하고 실천하는 것이 중요합니다.

지속 가능한 미래는 현재와 미래 세대 모두가 건강한 환경에서 경제적 번영을 누릴 수 있도록 하는 경제 발전 모델을 의미합니다. 이는 단순히 경제 성장을 추구하는 것이 아니라, 환경 보호, 사회적 책임, 경제적 번영이 균형을 이루는 것을 목표로 합니다. 지속 가능한 미래를 위해서는 개인, 기업, 정부가 모두 협력하여 경제 활동이 환경에 미치는 영향을 최소화하고, 자원을 효율적으로 사용하며, 사회적 불평등을 해소하는 것이 중요합니다.

1. 환경 보호와 재생 가능 에너지

지속 가능한 미래를 만들기 위해서는 환경 보호가 필수적입니다. 경제 활동이 환경에 미치는 영향을 줄이기 위해, 재생 가능 에너지의 사용을 확대하고, 탄소 배출을 줄이는 것이 중요합니다. 태양광, 풍력, 수력 등의 재생 가능 에너지는 화석 연료에 대한 의존도를 낮추고, 장기적으로 지구 온난화 문제를 해결하는 데 기여할 수 있습니다. 예를 들어, 기업들이 태양광 패널을 설치하여 에너지를 생산하거나, 정부가 재생 가능 에너지 인프라에 투자하는 것은 지속 가능한 경제를 위한 중요한 실천입니다.

개인들도 에너지 절약, 전기차 사용, 재활용 등을 통해 환경 보호에 기여할 수 있습니다. 작은 실천들이 모여 큰 변화를 만들 수 있으며, 이는 지속 가능한 미래를 위한 필수적인 단계입니다.

2. 순환 경제의 도입

순환 경제는 자원의 사용과 폐기 방식을 근본적으로 변화시키는 경제 모델로, 자원을 가능한 한 오래 사용하고, 사용 후에는 재활용하거나 재사용하는 것을 목표로 합니다. 이는 전통적인 '생산-소비-폐기'의 선형 경제 모델을 탈피하여, 자원 낭비를 최소화하고 환경에 미치는 영향을 줄이는 데 중점을 둡니다.

예를 들어, 기업들은 제품을 설계할 때 재활용 가능한 자재를 사용하고, 제품의 수명을 연장할 수 있는 방법을 고려해야 합니다. 또한, 소비자들은 불필요한 소비를 줄이고, 재활용 가능한 제품을 선택함으로써 순환 경제에 기여할 수 있습니다. 이러한 노력은 자원의 고갈을 막고, 환경 파괴를 최소화하며, 경제적 지속 가능성을 높이는 데 중요한 역할을 합니다.

3. 사회적 책임과 공정한 경제

지속 가능한 미래를 만들기 위해서는 사회적 책임도 중요한 요소입니다. 기업과 정부는 사회적 책임을 다하여, 모든 사람이 공평한 기회를 누리고, 경제적 번영을 공유할 수 있도록 해야 합니다. 이는 공정 거래, 노동자의 권리 보호, 지역 사회의 발전 등을 포함합니다.

예를 들어, 공정 무역을 통해 생산자들에게 정당한 대가를 지급하거나, 노동자들이 안전하고 공정한 근로 환경에서 일할 수 있도록 보장하는 것은 사회적 책임의 일환입니다. 또한, 정부는 교육, 의료, 복지 시스템을 통해 사회적 불평등을 해소하고, 모든 시민이 기본적인 삶의 질을 유지할 수 있도록 지원해야 합니다.

4. 지속 가능한 경제의 필요성

지속 가능한 경제는 단순한 선택이 아니라, 미래 세대의 생존과 번영을 위한 필수적인 조건입니다. 자원을 무분별하게 사용하는 경제 모델은 결국 자원의 고갈과 환경 파괴로 이어져, 미래 세대가 누릴 자원을 남기지 못할 위험이 있습니다. 따라서 우리는 현재의 경제 활동이 환경에 미치는 영향을 최소화하고, 자원을 효율적으로 사용하며, 사회적 불평등을 해소하는 데 중점을 두어야 합니다.

지속 가능한 경제를 위해서는 정부, 기업, 개인이 모두 협력하여 장기적인 계획을 수립하고, 이를 실천하는 것이 중요합니다. 이는 경제적 안정성과 환경 보호, 사회적 평등을 동시에 달성할 수 있는 유일한 길입니다.

5. 실천할 수 있는 방법

지속 가능한 미래를 위해 일상에서 실천할 수 있는 방법을 찾아보는 것이 중요합니다. 예를 들어, 에너지 절약, 재활용, 환경 친화적인 제품 사용 등 작은 습관들을 통해 환경에 미치는 영향을 줄일 수 있습니다. 또한, 지속 가능한 기업의 제품을 구매하거나, 지역 사회에 기여하는 활동에 참여함으로써, 지속 가능한 경제에 기여할 수 있습니다.

지속 가능한 미래를 만들기 위해서는 환경 보호, 자원의 효율적 사용, 사회적 책임을 모두 고려한 경제 활동이 필요합니다.

무역, 환율, 세계 경제 이해하기

무역, 환율, 세계 경제는 현대 경제에서 국가 간의 상호작용을 이해하는 데 필수적인 개념들입니다. 무역은 국가 간 상품과 서비스의 거래를 의미하며, 이는 각국이 자원을 효율적으로 사용하고 경제적 이익을 창출하는 방법입니다. 환율은 서로 다른 나라의 통화 간 교환 비율을 말하며, 무역의 비용과 수익성에 큰 영향을 미칩니다. 세계 경제는 전 세계 국가들의 경제 활동이 서로 연결된 거대한 네트워크로, 한 국가의 경제 상황이 다른 국가에 직접적인 영향을 미칠 수 있습니다. 초보자라면 무역, 환율, 세계 경제의 기본 원리를 이해하고, 이를 바탕으로 글로벌 경제 흐름을 파악하는 것이 중요합니다.

무역, 환율, 세계 경제는 현대 경제에서 국가 간의 경제적 상호작용을 이해하는 데 핵심적인 개념들입니다. 이들 요소는 각국의 경제 성장, 물가, 고용 등 다양한 경제 지표에 영향을 미치며, 글로벌 경제 환경 속에서 개인의 재정 결정을 내리는 데 중요한 역할을 합니다.

1. 무역의 역할

무역은 국가 간 상품과 서비스의 교환을 의미하며, 이는 세계 경제의 중요한 동력입니다. 무역을 통해 각국은 자국에서 생산하기 어려운 상품이나 서비스를 수입하고, 자국에서 경쟁력 있는 상품을 수출하여 경제적 이익을 창출할 수 있습니다. 예를 들어, 한국은 전자제품과 자동차를 수출하고, 원유와 같은 자원을 수입하여 경제를 유지합니다.

무역은 국가 간 상호의존을 강화하며, 이는 글로벌 경제의 안정성과 성장을 촉진합니다. 무역을 통해 각국은 자원을 효율적으로 사용하고, 자국의 경제적 이익을 극대화할 수 있습니다. 또한, 무역은 각국의 경제 구조를 다양화하고, 기술과 지식의 교류를 촉진하여 장기적인 경제 성장을 가능하게 합니다.

2. 환율의 의미와 영향

환율은 서로 다른 나라의 통화 간 교환 비율을 의미합니다. 환율은 무역의 비용과 수익성에 중요한 영향을 미치며, 이는 국가 경제에 큰 영향을 줄 수 있습니다. 예를 들어, 한국의 원화가치가 상승하면, 수출 상품의 가격이 상대적으로 비싸져 수출 경쟁력이 약화될 수 있지만, 수입 상품의 가격은 내려가서 소비자들이 더 저렴하게 외국 상품을 구매할 수 있습니다.

반대로, 원화가치가 하락하면 수출이 증가할 가능성이 높아지지만, 수입품의 가격이 상승하여 물가가 오를 수 있습니다. 환율 변동은 기업의 수익성과 소비자의 생활비에 직접적인 영향을 미치므로, 환율의 변동성을 이해하고 대응하는 것은 경제적으로 매우 중요합니다.

3. 세계 경제의 상호연결성

세계 경제는 전 세계 국가들의 경제 활동이 서로 긴밀하게 연결된 거대한 네트워크입니다. 이 네트워크에서는 한 국가의 경제 상황이 다른 국가에 직접적인 영향을 미칠 수 있습니다. 예를 들어, 미국의 경제 성장률이 높아지면, 미국으로의 수출이 많은 국가들은 그 혜택을 받게 되고, 반대로 경제 침체가 발생하면 수출국들도 타격을 받을 수 있습니다.

또한, 글로벌 금융 시장은 세계 경제의 상호연결성을 보여주는 대표적인 사례입니다. 한 나라의 금리 인상이나 경제 위기는 글로벌 금융 시장에 파급 효과를 미치며, 다른 국가의 주식 시장, 환율, 채권 시장 등에 영향을 줄 수 있습니다. 이러한 세계 경제의 상호연결성은 각국이 독립적으로 경제를 운영하는 것이 어렵다는 것을 의미하며, 국제 협력과 정책 조율이 중요해지고 있습니다.

4. 무역과 경제 성장

무역은 국가의 경제 성장에 중요한 역할을 합니다. 무역을 통해 국가들은 자국의 자원을 효율적으로 사용하고, 기술과 지식을 교환하며, 더 큰 시장에 접근할 수 있습니다. 이는 생산성을 높이고, 경제 성장을 촉진합니다. 또한, 무역은 국가 간의 경쟁을 촉진하여 혁신을 자극하고, 소비자에게 더 나은 제품과 서비스를 제공하는 데 이바지합니다.

무역의 확대는 글로벌화를 촉진하며, 이는 각국의 경제가 더 긴밀하게 연결되고, 글로벌 경제의 안정성과 성장이 강화되는 결과를 가져옵니다. 그러나 무역이 항상 긍정적인 효과만을 가져오는 것은 아닙니다. 무역이 확대되면 일부 산업이나 노동 시장에 부정적인 영향을 미칠 수 있으며, 이러한 문제를 해결하기 위한 정부의 적절한 정책 대응이 필요합니다.

5. 환율과 경제 정책

환율은 정부의 경제 정책에도 중요한 영향을 미칩니다. 중앙은행은 환율 안정성을 유지하기 위해 금리를 조정하거나, 외환 시장에 개입하기도 합니다. 환율 변동은 수출입 가격에 영향을 미치며, 이는 국가의 무역 수지와 경제 성장에 직접적인 영향을 줄 수 있습니다. '

예를 들어, 환율이 급격히 하락하면, 수출 기업은 경쟁력을 얻을 수 있지만, 동시에 수입 물가가 상승하여 국내 물가가 오를 수 있습니다. 따라서 정부는 환율을 안정적으로 유지하기 위해 외환 시장을 모니터링하고, 필요할 경우 정책적 개입을 통해 경제의 균형을 유지하려고 노력합니다.

6. 세계 경제의 도전과 기회

세계 경제는 글로벌화의 진전에 따라 새로운 도전과 기회를 맞이하고 있습니다. 무역 장벽의 철폐, 디지털 기술의 확산, 새로운 경제 블록의 형성 등은 세계 경제의 판도를 변화시키고 있습니다. 이러한 변화는 한편으로는 새로운 시장과 기회를 창출하는 반면, 다른 한편으로는 경쟁의 심화와 경제 불안정을 초래할 수도 있습니다.

따라서 개인과 기업, 정부는 세계 경제의 변화를 주시하고, 이러한 변화에 적응할 수 있는 전략을 마련하는 것이 중요합니다. 무역, 환율, 세계 경제의 기본 원리를 이해하고, 이를 바탕으로 글로벌 경제 환경에서의 기회를 최대한 활용하는 것이 필요합니다.

무역, 환율, 세계 경제는 현대 경제에서 매우 중요한 개념들로, 이들을 이해하는 것은 글로벌 경제 환경에서의 성공적인 재정 관리와 경제 활동을 위해 필수적입니다.

쉽게 배우는 경제
초보자를 위한 경제 수업

초판 1쇄 인쇄 2024년 9월 15일
초판 1쇄 발행 2024년 9월 20일

지은이 백광석
펴낸이 백광석
펴낸곳 다온길

출판등록 2018년 10월 23일 제2018-000064호
전자우편 baik73@gmail.com

ISBN 979-11-6508-613-8 (13320)

이 책은 저작권법에 따라 보호받는 저작물이므로 무단 전재와 무단 복제를 금지하며,
이 책 내용의 전부 또는 일부를 이용하려면 반드시 저작권자와 다온길의 서면동의를
받아야 합니다.

잘못 만들어진 책은 구입하신 서점에서 교환해 드립니다.
책값은 뒤표지에 있습니다.